律师业务技能与实务研究

蒋修贤 著

中国财富出版社有限公司

图书在版编目（CIP）数据

律师业务技能与实务研究／蒋修贤著．—北京：中国财富出版社有限公司，2020.12

ISBN 978－7－5047－6699－1

Ⅰ．①律…　Ⅱ．①蒋…　Ⅲ．①律师业务—案例—中国②律师业务—中国—文集　Ⅳ．①D926.5

中国版本图书馆 CIP 数据核字（2021）第 024181 号

策划编辑　栗　源　李　伟　**责任编辑**　邢有涛　李季伦
责任印制　梁　凡　**责任校对**　张营营　**责任发行**　白　昕

出版发行	中国财富出版社有限公司		
社　址	北京市丰台区南四环西路 188 号 5 区 20 楼	**邮政编码**	100070
电　话	010－52227588 转 2098（发行部） 010－52227588 转 100（读者服务部）		010－52227588 转 321（总编室） 010－52227588 转 305（质检部）
网　址	http://www.cfpress.com.cn	**排　版**	宝蕾元
经　销	新华书店	**印　刷**	北京九州迅驰传媒文化有限公司
书　号	ISBN 978－7－5047－6699－1/D·0177		
开　本	710mm×1000mm　1/16	**版　次**	2020 年 12 月第 1 版
印　张	11.25	**印　次**	2020 年 12 月第 1 次印刷
字　数	167 千字	**定　价**	48.00 元

完成思想升华、实现自我超越

我与修贤是西南政法大学的校友，结缘于2012年3月广州市律师协会主办的广州市第一期（北京大学）青年律师高级研修班。该期学员都是从广州市青年律师中，经过严格选拔后脱颖而出的。该期研修班是广州市首期青年律师高级培训班，深受市律协和司法局相关领导的重视。我作为当时广州市律师协会的会长，多次给学员们分享自己成长发展的经历，畅谈律师的职业性、专业性和律所发展公司制方向。该期研修班学员的素质都非常高，目前许多学员已经是所在律所的主任或副主任律师。在雷建威班主任的精心指导和班长魏济民、书记张豫侃等班委的通力组织下，学员们对培训积极踊跃，学习热情高涨，不仅提升了专业素质，也迸发出许多思想火花。例如学员张旭锋律师认为通过研修班的学习，他“完成思想升华、实现自我超越”，并认为该期研修班取得了超出预期的成果，是一段令人难以忘怀的珍贵回忆。修贤师弟在研修班学习期间，沉着、踏实、认真，结业之时我亲手向他颁发了结业证书。从2013年结业至今，我依然十分关注当期学员们的发展，而该期学员也不断涌现出十分杰出的青年律师，他们在各自岗位上贡献着自己的力量。修贤师弟自结业来，一直扎根律师行业，专注房地产和公司法专业方向，通过总结亲手办理的大量案件和项目，沉淀办案经验，撰写专业论文，并以此成书，不仅展现其对法律事业的务实和执着，也彰显不忘初心，牢记“做中国律师界生力军”的使命和愿景！

“青年兴，则国家兴”，律师们需要在法律实务中总结实践经验，升华理论高度，拓展更广阔的天地。最后，祝愿修贤师弟，以及青年律师们，厚积薄发，承担起社会和历史的责任！

王　波

2020 年 12 月 2 日于广东金鹏律师事务所

不忘初心，方得始终

我与修贤兄弟于2012年3月29日相识于广州从化举办的广州市第一期青年律师高级研修班，我作为第一届的老班长，与修贤兄弟一见如故。彼时大家都还是“愣头青”，以“初生牛犊不怕虎”的冲劲儿在广州法律界闯荡，力求“混出个名堂”。皇天不负有心人，时至今日，修贤兄弟和我都在房地产法律服务领域取得了一定成绩，借此次成书之机，回望走过来的每一步，不矜不伐，载欣载奔。

1998年我在老家南昌取得律师资格，1999年跟着潮流南下广州打工，从“万金油”律师做起，2002年创办华瑞兴律师事务所，2006年开始专注于建筑工程与房地产法律服务，2013年进入PPP法律服务领域，被《方圆律政》评为律政年度房地产律师，当选广州市越秀区人大代表，担任广州市人民政府兼职法律顾问，入选财政部PPP中心专家，兼任广东省特色小镇发展促进会监事长等。

执业二十余年，栉风沐雨，有过辉煌，也有过困顿、焦虑和疑惑，每当这种时候，同侪的力量就显得尤为可贵。我与修贤兄弟，不管是对彼此案件的答疑，还是面对职业和人生的转折点，都曾做过对方的指路人，都曾在迷茫之际给予对方关切和鼓励，此情此谊，铭记于心，感怀半生。

本书稿分为案例篇和论文篇，涵盖了诉讼仲裁、财产保全、股权纠纷、合同纠纷、工程款纠纷、执行异议等方面的内容，从律师角度、企业角度、政府角度进行法律分析并提示风险防范。修贤兄弟把作为广州仲裁委员会仲裁员、广州市国土资源和房屋管理局法学专家、广东工业大学经济贸易学院特聘教授等积累的心得倾囊相授，集多年经验之大成，有理论的高度，也有实践的案例。拜读全书，有通体舒畅的淋漓快感，我衷心为修贤兄弟高兴，也感谢他不吝分享。法律的生命既在经验也在实践，相信本书会成为法律业界一本优秀的参考书。

转眼我已年近半百，虽在广州法律界耕耘多年，但远未到收获的时候。2020 年开年之初突遇前所未有的“新冠”肺炎疫情，至今抗疫仍在继续。2021 年 1 月 1 日《中华人民共和国民法典》生效施行，为适应新形势，法律服务业需加快从传统模式向互联网模式的转型。我们这一辈的法律人，要起到承上启下的作用，报答培养过我们的广州律协，带动年轻一代的律师，以共同推进法律职业共同体的质和量为己任，打造广派律师事务所的品牌。通过本次集稿出书，了解到修贤兄弟亦有志于此，遇同道中人，三生有幸。居庙堂之高则忧其民，处江湖之远则忧其君。

不忘初心，方得始终，与君共勉。

华瑞兴律师事务所管委会主任魏济民

2020 年 12 月 8 日

自 序

"人类的具体历史，如果有的话，那一定是所有人的历史，也必然是人类的一切希望、斗争和受难的历史。"①

——卡尔·波普尔

2020 年全球爆发了流行性病毒——新型冠状病毒（COVID－19），不仅危及世界人民的健康，而且对世界经济造成巨大的损害，甚至影响到世界政治经济的格局。而在这场波及全球的疫情风暴中，中国政府和人民经受住了考验，不仅成功遏制住疫情，而且向全球灾情严重的国家提供了支援。相信中国人民与世界人民一定会战胜疫情，迎来健康、安全、明朗的天空。

面对这场突如其来的疫情，笔者积极参与各类抗疫活动，并且组织本团队律师研究发表《新冠肺炎疫情下房屋租金调整的法律分析》一文。坚守法律人职业的使命，不忘肩负社会责任，这是笔者始终坚持的职业理念。从业以来，除了深耕法律专业领域，还积极参与社会公益活动，承担一名法律人应尽的社会责任。如今笔者从业已有十余年，期间代理了大量的民商事案件。一名优秀律师的成长离不开执业经验的长期积累。这十余年的历练，笔者从一名初出茅庐的年轻律师，成长为一名"老律师"。笔者主要从事民商事诉讼仲裁案件，包括公司股权争议、公司治理，以及房

① （英）卡尔·波普尔著，陆衡等译《开放社会及其敌人》，中国社会科学出版社，2016 年。

地产、物业、城市更新方面。笔者曾作为政府国土部门和房地产行业机构法律顾问，为房地产相关的政府机关和行业商会提供法律服务，熟悉相应法律规定和政府对房地产市场的管理措施及政策，积累了较丰富的服务经验和实务对策。笔者非常愿意将经办的案件和项目，作为案例研究和办案心得分享给法律从业者。卡尔·卢埃林曾说："只要有法的地方，都可以在不同形式和程度上看到先例的迹象。"① 好的案例研究，可以帮助律师迅速找准案件的关键问题，这也是笔者撰写本书初衷之一。作为仲裁员，笔者也参与仲裁裁决了大量的民商事案件，有学者认为"律师担任仲裁员，必须实现对角色的准确认知和适时转换。律师担任仲裁员，除了应当作为法律家和争议解决者，还必须是律师同行和商事主体都能够尊重和信任的公道正派的人。"② 在仲裁过程中，要以仲裁员身份主持、把控仲裁庭审的程序，以裁决者的身份、视角审视案件，分析律师的诉辩策略，即换个角度看待律师，这个过程也提高了自身的业务能力。另外，在办案之余，笔者还经常为在大学院校深造的企业界管理人员进行法律实务培训，广泛和深入接触企业家、企业管理者，与他们就企业遇到的法律难题，企业发展的股权设计和发展等战略问题，进行交流和研究。笔者举办过多次讲座，比如"企业全面的法律管理和控制""股权投资的法律实务""企业危机管理""土地收并购实务操作和风险控制"等。通过不断思考、研究和总结，给学员们带去不同视角的实用法律知识。另外笔者根据实务经验和思考经常撰写一些研究文章并公开发表。

中国传统的仁人志士，大多以儒家典训——"修身、齐家、治国和平天下"，作为处世哲学和事业志向。在这场席卷全球的疫情背景之下，全社会同舟共济、各司其职，医者以仁术治愈病痛，法者以笔墨匡扶社稷。

---

① Jones, Harry W. ect, Legal Method. Cases and Text Material, Mineola: the Founderation Press, Ltd, 1980, 3。

② 张粒、孙才华:《律师担任仲裁员的角色和境界》,《武汉仲裁》2018 年 01 期。

笔者对近几年办理的典型案例进行了介绍、分析和总结，形成文字，再精选在房地产等方面的论文，以案例＋论文集的形式，分享给法律从业人员、企业界和社会其他各界，以期引起共鸣！

编写此书，得到了王波、魏济民大律师拨冗作序，感谢律师界、企业界朋友们的倾情支持。本律师团队律师吴剑良、杨超男、王钲、郑邵等人对本书的编写，也作出了贡献，在此一并致谢！

是为序。

2020 年 7 月 22 日

目　录

案例篇

论 文 篇

案例篇

林某与某地产集团房屋买卖合同纠纷案

——取得房产证却未通过消防验收的房屋，是否符合交房条件，购房者要求继续履行合同并索赔损失，损失如何合理计算？

【案情介绍】

2010年10月25日，申请人林某与被申请人某地产集团签订某市商品房买卖合同（一手现楼）（以下简称“商品房买卖合同”），约定申请人购买被申请人位于白云区某小区301房，建筑面积共764.8823平方米，价款为人民币3441970.00元，且明确约定“该商品房的用途为商业，层高3.6米。该商品房户型结构为商业0厨0卫”，房屋交付使用的截止时间为2011年3月30日等内容。

签订上述合同后，申请人依约向被申请人一次性支付了全部价款，被申请人向申请人出具了购房发票，且于2012年8月为申请人办理了房屋产权证。但是自签约至今，被申请人仍未交付301房，申请人称主要原因为以下两点。

第一，301房从未办理消防验收手续。根据某市公安消防局于2008年10月22日作出的《建筑工程消防验收的意见书》（某公消（建验）字〔2008〕第1304号），经消防验收合格的综合楼仅为1座2层的民用建筑，申请人购买的301房屋位于综合楼三楼，未在消防验收合格的范围之内，这直接导致申请人不能合法使用301房对外进行商业经营，无法办理租赁备案手续。

第二，涉案301房虽然办理了房屋产权证，但该证附注载明房屋的城市规划用途为：商业（桌球室、棋牌室、乒乓球室、接待室、多功能室），与“商品房买卖合同”约定的商业用途明显不一致，这局限了301房的使用功能，极大地折损了房屋的价值。

多年以来，申请人多次口头和书面告知被申请人办妥301房的消防验收，并协助办理变更301房的产权登记用途等，但截至申请人提起仲裁之日，被申请人仍置若罔闻。事实上，被申请人作为全国实力较强、影响力较大的房地产公司，其完全具备办理301房消防验收的能力，但被申请人一直拒不办理。

《中华人民共和国消防法》（以下简称“消防法”）第十三条规定：“依法应当进行消防验收的建设工程，未经消防验收或者消防验收不合格的，禁止投入使用”，申请人认为，消防验收合格是房屋交付的前置条件和基础，301房未办理消防验收，客观上已造成申请人无法占有、使用301房对外经营，被申请人的行为明显不符合“商品房买卖合同”第十一条、第十四条约定的房屋交付条件。房屋产权登记的规划用途与“商品房买卖合同”约定不一致，仅限定为桌球室、棋牌室、乒乓球室、接待室、多功能室，极大限制了301房的商业用途范围，贬损了301房保值升值的空间。

申请人认为，被申请人前述违约行为，致使301房无法交付给申请人占有、使用，经申请人初步计算，仅造成申请人的租金损失就达6654705.48元，因301房规划商业用途限制导致的房屋折损价值更是难以估量。鉴于此，申请人向仲裁庭提起仲裁申请，要求被申请人办妥消防手续，依法交付房屋，并赔偿申请人的经济损失，承担律师费用、仲裁费用。

被申请人某地产集团不同意申请人的仲裁请求，理由有如下几点。

第一，被申请人交付的房屋符合合同的约定。双方合同“补充协议”第七条约定的交房条件是项目出具“工程验收报告”，申请人于2008年12月12日取得了该报告，并且该房屋规划符合商业用途，2009年7月21日取得“某市建设工程规划验收许可证”，载明房屋的用途为商业用途。2012 年 8 月 9 日申请人购买房屋取得“房屋产权证”，亦载明房屋的用途是商业性质，兼具多功能室。

第二，被申请人不存在逾期交房的情况，房屋是现房交付，而且“补充协议”第九条约定，交付条件为现场公示“工程验收报告”，即为符合条件，申请人即应自行前往收楼，否则视为已经交楼。

第三，被申请人交付的房屋是符合消防验收标准的，该房屋已经办理产权证，办理产权证的前提是消防合格，因此，该房屋是符合消防规定的。

第四，申请人主张违约金没有事实和法律依据。

仲裁庭按照仲裁规则，开庭进行了本案的审理工作，双方当事人在庭审中进行了举证、辩论等程序。

庭审结束之后，双方经多次调解未果。

【裁决结果】

仲裁庭在调解未果之后，于 2019 年 7 月 19 日作出裁决，裁定书认定，双方签订房屋买卖合同符合法律规定，为合法有效之合同，本案争议焦点之一是房屋是否符合交付条件，被申请人出具的房屋所在的综合楼消防验收报告，明确指明是 1 ~2 层，并未包括第 3 层，而本案的房屋位于 3 层，不属于消防验收范围，房屋未经消防验收合格，违反了“消防法”第十三条第二款“依法应当经过消防验收的建设工程，未经消防验收或验收不合格的，禁止投入使用”的强制性规定，不符合交付条件。由于房屋不符合交付条件，并且远超过合同约定的 2011 年 3 月 31 日前交房的期限，构成违约，按照逾期交付房屋的标准（房款的万分之五），自应交付之日起计至房屋符合交付条件之日，而计至申请人提出仲裁之日违约金已达 469 万元，超过房款总金额 344 万元，考虑到公平原则，申请人未及时主张办理消防手续，也存在一定的过错，酌情被申请人应赔偿违约金 280 万元。

据此，裁决书裁决：①被申请人 60 日内办妥房屋的消防手续，并于办妥之日起15日内交付给申请人；②被申请人支付逾期交房的违约金280万元；③补偿申请人律师费1万元，仲裁费由被申请人承担。

【律师解读】

房屋买卖合同纠纷是比较普遍的民事纠纷案件，购房者往往因认为房屋质量、房屋面积、房屋设计和装修标准等不合法或者不符合要求，要求解除合同或者赔偿，然而开发商作为强势一方，往往采取格式合同来减少自身义务，限制购买者的权利。那么在开发商延迟交房或交房不合格的争议案件中，如何认定房屋交付的条件，如何界定购买者损失等问题，本案具有一定的借鉴意义。

一、持续性违约或侵权，诉讼时效如何计算？

根据2021年1月1日颁布实施的《中华人民共和国民法典》（以下简称“民法典”）第一百八十八条的规定，向人民法院请求保护民事权利的诉讼时效期间为三年。逾期交房之后，合同继续履行的情况下，存在“交房”和“支付违约金两项义务”，然而对于违约金的起算点从何时起计，本案被申请人延迟交楼已经超过六年，在申请人没有诉讼时效中断的证据的情况下，申请人追索被申请人延迟交楼的违约金，是自提交仲裁申请之日起倒推三年时间，或自应当交楼之日起持续计算至申请仲裁之日？对此，理论和司法实践中都存在争议，“逾期交房后支付违约金问题属于债权请求权，适用诉讼时效问题已经达成共识，逾期不交付房屋为一个持续状态，违约金按日累计，违约金债务随着时间不断增加，称为一种持续（继续性）债务”，[①] 对此仲裁庭认定，由于被申请人未按约定交房的行为

① 朱勇：《逾期交房持续性违约金诉讼时效争议问题研究》，《职工法律天地》2017年第8期。

构成违约，按合同约定，延迟交楼的违约金按日累计，持续至申请人提起仲裁，被申请人的违约状态未中断而处于持续中，因此不存在超过诉讼时效的问题。由此可见，持续性违约产生的索赔，应从违约之日起计。

二、商品房合格交付的要件包括哪些方面？

“商品房交付使用既应满足合同的约定条件，又应符合法律、行政法规的基本法定条件”。[①] 本案被申请人交付的商品房存在合法性、合约性的问题：一方面是没有办理消防验收手续，直接导致申请人不能使用房屋，另一方面是涉案房屋的用途与“商品房买卖合同”约定的商业用途不完全一致。

其一是交付的合法性问题。本案的商品房为现楼，签订后办理了房产证，但并未通过消防验收，根据“消防法”第十三条的规定：“依法应当进行消防验收的建设工程，未经消防验收或者消防验收不合格的，禁止投入使用”，虽然开发商辩称合同补充协议约定交房的唯一条件是出具“工程竣工验收报告”，但合同约定不能对抗法律强制性规定，而且该补充协议亦属于开发商制订的格式条款，应做出不利于制订格式条款一方的解释，因此，即便合同有约定，亦不能免除开发商在交房前须依法进行消防验收的法定义务。

其二是须按约的问题。双方合同明确房屋的用途为“商业”，但颁发的房屋产权证却注明为“商业（桌球室、棋牌室、乒乓球室、接待室、多功能室）”，与合同约定不一致。笔者认为，商品房屋买卖中，即使合同无明确约定，如果开发商宣传、展示给消费者的产品，与实际交付的有明显差异，亦应承担误导、欺骗之责。

---

① 郝飞：《刍议商品房交付条件》，《仲裁研究》2010 年第 1 期。

三、商品房不符合交付条件，购房者如何索赔违约金损失？

根据“民法典”、《最高人民法院关于审理商品房买卖合同纠纷案件适用法律若干问题的解释》等相关规定，[①] 本案开发商存在逾期交房和交付房屋不符合约定的问题，应承担违约责任。逾期违约金一般合同有约定，即使没有约定，亦可参照相关案例或按银行贷款利率等计算，但交付房屋不合格，又未构成退房的情况下，合同没有约定且不能评估，损失计算是一个令人困扰的问题。

笔者认为可以适用以下三个原则：第一，损失参照的合理性；第二，损失限定在合理的范围，购房者愿意继续履行或者符合法律规定，即说明房屋功能虽然受限或受损，但损害的程度较轻，此类索赔金额以房价 1/3 以内的范围较合理；第三，具体案件可根据裁断者的自由裁量权酌定损失金额，“法官行使自由裁量权是司法实践中实现公平正义所必需，它既是法律所赋予法官的一种权力，更是法官所应承担的一种责任。”[②] 因此，裁判者可以根据当时房地产市场的情况，以及开发商的过错程度等因素，公平合理地核定损失金额。

综上所述，笔者认为，对于商品房适格交付的争议，首先要考虑合法性的问题，即合同和房屋的本身不得违反法律强制性规定，本案就是违反

---

① “民法典”第五百七十七条：“当事人一方不履行合同义务或者履行合同义务不符合约定的，应当承担继续履行、采取补救措施或者赔偿损失等违约责任。”第五百八十五条：“当事人可以约定一方违约时应当根据违约情况向对方支付一定数额的违约金，也可以约定因违约产生的损失赔偿额的计算方法。”《最高人民法院关于审理商品房买卖合同纠纷案件适用法律若干问题的解释》第十三条规定：“因房屋质量问题严重影响正常居住使用，买受人请求解除合同和赔偿损失的，应予支持。”

② 陈苹苹：《司法改革背景下的法官自由裁量权研究——以民事司法为视角》，《牡丹江大学学报》2016 年第 3 期。

了“消防法”的强制性规定。其次要符合约定，合同约定房屋用途为商业，但房产证却限制为多功能室的用途，不符合合同的约定。在具体违约索赔的问题上，如法律、合同无明确规定或约定，裁判者可进行评估或依照自由裁量权来公平合理裁决。

昌某公司与张某等"股东损害债权人利益"纠纷案

——公司股东未履行增资义务，又未履行清算义务，在股东损害债权人案件中，可以一并主张增资与清算责任吗？

【案情介绍】

一、昌某公司对粤某公司的债权，已由法院作出的生效法律文书所确认，因粤某公司无可供执行的财产导致无法执行

2000 年 9 月 22 日某区人民法院作出"（2000）某法经初字第 1596 号"民事判决书，其中一项判决为：粤某公司须向昌某公司支付违约金（以货款人民币 330 万元为本金，自 2000 年 4 月 15 日起至粤某公司供油为止，按中国人民银行同期贷款利率计息），粤某公司须在判决生效后十日内对上述判决履行完毕，逾期履行则加倍支付迟延履行期间债务利息等。

后粤某公司不服提出上诉。2001 年 3 月 14 日，某市中级人民法院作出"（2001）某中法经一终字第 1 号"民事判决书，维持原判，该判决已于 2001 年 6 月 4 日生效。根据上述判决内容，粤某公司须向昌某公司支付违约金（以货款人民币 330 万元为本金，自 2000 年 4 月 15 日起至粤某公

司供油为止，按中国人民银行同期贷款利率计息），因粤某公司未履行判决义务，昌某公司申请强制执行。2002年12月12日福田区人民法院作出“（2002）某法执第16号”民事裁定书，因粤某公司无可供执行的财产，中止执行“（2000）某法经初字第1596号”与“（2001）某中法经一终字第1号”民事判决书。

自“（2001）某中法经一终字第1号”生效后，粤某公司未履行判决义务，自该判决生效后第十天（即2001年6月14日起）暂计至2015年1月15日，粤某公司累计拖欠昌某公司债务8623875.62元。

二、作为粤某公司的股东，张某、陈某、刘某曾在股东会作出增资决议，但并未实际履行增资义务，张某、陈某、刘某应在未履行增资义务的本息范围内，向昌某公司承担赔偿责任

1997年11月3日粤某公司的三名股东张某、陈某、刘某一致通过股东会决议，决定对粤某公司增资3320000元，其中，张某增资1328000元，陈某增资996000元，刘某增资996000元，增资后的资本总额为5000000元。1997年11月27日，某会计师事务所为粤某公司出具“某验字（97）第141号”验资报告，认为粤某公司已于1997年11月11日增加投入资本3320000元，变更后的注册资本总额为5000000元。

后经深入调查，发现上述增资并不属实，于是昌某公司以其未履行出资义务为由，申请追加张某、刘某、陈某为被执行人，法院经听证后认为，虽然某会计师事务所在1997年11月21日为粤某公司出具“某验字（97）第141号”验资报告，认为张某、陈某、刘某已经缴纳了332万元的增资款，然而事实上粤某公司在1997年11月11日前的企业银行增资账户中，并没有出现332万元的资金进账记录。因刘某此前已将其股权附着出资义务转让给张某，于是，2004年9月2日某区人民法院作出“（2002）

某法执第16－2号”民事裁定书，裁定追加张某、陈某为被执行人。

2012年张某向某区人民法院提出执行申诉。2014年1月21日法院作出“（2012）某法执监字第1号”执行裁定书。根据该裁定书记载：张某不服“（2002）某法执字第16－2号”民事裁定书认定其未履行增资义务的事实，并认为其分别于1997年11月5日和11月7日各存款人民币1726852.5元和155万元，已足额缴存应增资金3276852.5元于粤某公司账户内，完成了缴存增资的义务。针对该申诉理由，法院于2013年1月21日召开听证会。经审查，粤某公司企业基本账户的银行流水单与相关转账凭证显示，1997年11月5日至10日，粤某公司的企业基本账户曾转入1726852.5元与155万元的款项各一笔。其中，第一笔款项的1726852.5元是11月5日从某玻璃有限公司转入的，转入后的当天，粤某公司即向某市某实业发展有限公司（该公司法定代表人为陈某）转出155万元，随后又分批把钱款转出，至11月7日时该账户余额仅剩下900余元；第二笔款项的155万元是11月7日从某市某实业发展有限公司转入的，然后11月10日，该账户又向某兴业信托投资公司转出150万元。据此，法院认为，无法证明上述资金为股东的增资款，应认定为未如实出资。退一步讲，即使上述资金确为增资款，但这些款项到账的数日内即被转出殆尽，且其中的155万元经具有关联关系的某市某实业发展有限公司转进、转出，具有明显的资金过账痕迹；另外对于向某兴业信托投资公司转出的150万元，张某也无法作出合理解释。即使张某等人完成了增资义务，亦存在抽逃增资款的行为。最终法院驳回了张某的申诉。

张某不服，继续向某市中级人民法院提起申诉，某市中级人民法院指令重审，2014年3月10日某区人民法院作出“（2013）某法执监字第2号”执行裁定书。在该裁定书中法院认为，由于被申请追加人张某、陈某及刘某，涉及是否增资到位以及是否应承担相应的法律责任的问题，关系到当事人实体权利的处分，因此在程序上应审慎把握。

而本案涉及的当事人权利义务关系并非相对明确，涉及法律关系并非简单清晰，因此不宜在执行程序中直接处理。据此，撤销“（2002）某法执字第16－2号”民事裁定书，并向昌某公司释明可另循诉讼或其他法律途径解决。

三、粤某公司于2005年被吊销企业营业执照。作为粤某公司的清算义务人，张某、陈某怠于履行清算义务，是否应对债务承担连带清偿责任

2005年某市工商行政管理局作出“某工商企处〔2005〕第2359号”行政处罚决定书，对粤某公司作出吊销营业执照的处罚决定。然而张某、陈某一直未履行公司的清算义务，导致粤某公司无法清算相关债务。根据《最高人民法院关于适用〈中华人民共和国公司法〉若干问题的规定（二）》第十八条第二款的规定，张某、陈某应对粤某公司的债务承担连带清偿责任。

四、案件审理经过

案件经笔者律师团队代理并诉至某区人民法院，某区人民法院于2014年9月16日以“股东损害债权人利益案”为名受理本案，根据代理律师的申请，于2015年7月查封被告张某位于该市的两套房产，以价值8097044.28元为限。

本案适用普通程序审理，并于2015年4月2日进行了第一次公开审理，审理中，被告提出答辩理由：其一，本案违反“一事不再理”的原则，原告曾以第三人股东虚假注资为由申请追加被告为被执行人，两被告认为某区人民法院在重审中已经对本案作出处理，不应再进行受理。其二，被告认为其已经如实增资，有某会计师事务所出具的“验资报

告”，验资报告和案外第三人汇款证明履行了增资义务。其三，要求被告承担清算义务缺乏法律依据，本案是发生在新公司、司法解释生效之前的案件，新法不能适用旧事；且其没有怠于履行清算的故意，推迟履行债务的原因是张某因其他原因被捕入狱，以及某市国税局调取财务资料而无法清算。

一审法院经审理查明如下事实。

粤某公司因购销合同纠纷一案对昌某公司所负债务，经某区人民法院和某市中级人民法院判决并生效，其中判决粤某公司向昌某公司支付违约金，按330万元的本金，自2004年4月15日起计至粤某公司按合同供油为止（注：粤某公司2005年被吊销营业执照，自此再无供油履行债务的能力），按中国人民银行同期贷款利率计算，该项义务自判决生效之日起十日内履行，逾期加倍支付延期履行期间债务利息。判决生效之后，昌某公司申请强制执行，因被执行人无财产可供执行，某区人民法院作出“（2002）某法执字第（16）号”裁定，作出中止执行的裁定。并且查明昌某公司在执行程序申请追加张某、陈某、刘某为被执行人，后经申诉、复议程序驳回在执行程序中追加的诉求。粤某公司于1994年6月30日登记成立，股东为张某、陈某、刘某三人，后于1997年9月3日三股东决议增资，三股东共增资332万元，其中张某增加132.8万元，陈某、刘某各增加99.6万元。1997年11月23日某会计师事务所出具会计报告，证明三名股东履行了增资义务。但是法院从该增资账户发现，该账户并未存在会计报告中所述对应的资金流向，上述账户虽有资金的流入，但是马上又汇出，又查明上述资金实为银行的第三人贴现款和业务往来款，并非直接从股东账户汇出，金额亦不对应。1999年6月28日，粤某公司股东会一致同意，刘某将其30%股权转让给张某，并办理工商登记。另查明，原告未因第三人履行债务不能而申请法院对粤某公司进行强制清算。

【裁决结果】

一审法院在查明上述事实的基础上，作出如下判决。

三被告对其履行出资义务负有举证责任，而其举证的款项来往，与增资义务并无直接关联，也没有充分的证据，证明三被告履行了增资义务。根据最高人民法院《关于适用〈中华人民共和国公司法〉若干问题的规定（三）》第十三条第二款的规定，三被告应对不能清偿的第三人债务承担补充清偿责任；根据第十二条第三款的规定，张某对刘某的上述债务承担连带责任。

对于被告是否应承担清算的连带责任问题，法院认为，没有证据显示该公司的重要财产、账册、重要文件灭失，原告亦未向法院申请强制清算而清算不能的情况，故原告主张被告未履行清算义务、承担连带责任，证据不足，不予支持。

原告在执行程序追加被告为被执行人，与本案中实体程序中起诉被告追索实体权利，属于不同程序，未违反“一事不再理”的原则；被告未履行增资义务属于持续性的侵权行为，不存在超过诉讼时效的问题；对于本案是新公司法、司法解释生效之前的问题，一直持续到新法生效之后，可依据现行“公司法”、司法解释适用，并且“新公司法”、司法解释也明确了旧法没有规定的内容，可以参照新法适用。

2015 年 6 月 5 日某区人民法院作出一审判决，判决三被告在增资不实（张某为 132.8 万元，陈某为 99.6 万元，刘某为 99.6 万元）的本息范围内承担清偿责任，即应自资增之日（2017 年 11 月 11 日）起，至实际清偿之日止，对第三人——粤某公司上述债务承担补偿清偿责任。张某对刘某的债务承担连带责任。2017 年 3 月 28 日某市中级人民法院作出终审判决，驳回上诉，维持原判。

【律师解读】

本案系一起“股东侵害债权人利益”的案件，系最高人民法院《关于适用〈中华人民共和国公司法〉若干问题的规定（三）》于2011年2月16日施行之后产生的因股东增资不实损害债权人利益的案例，这个案例有多个交叉法律关系，一审法院查明事实全面、认定事实准确、法理剖析清晰，依据充分。审判结果也体现了典型的法官审判思维，其中的办案体会值得与大家分享，以下具体进行分析。

一、在执行程序中，是否可直接追加案外人为被执行人

因公司没有能力履行，在执行过程中，是否可以直接把股东追加为被执行人？本案判决生效之后，昌某公司申请强制执行，因被执行人无财产可供执行，某区人民法院作出“（2002）某法执字第（16）号”裁定中止执行。之后昌某公司发现三被告未实际履行增资义务，于是申请恢复执行，并在执行程序中申请追加张某、陈某、刘某为被执行人，后该人民法院亦作出“（2002）某法执第16－2号”民事裁定书，决定追加张某、陈某为被执行人，之后张某、陈某申请复议，某区人民法院作出“（2012）某法执监字第1号”执行裁定书，驳回其申诉请求，为此张某和陈某又向该市中级人民法院申诉，市中级人民法院作出“（2013）某中法执复字第79号”执行裁定书，撤销区人民法院的裁定，并发回区人民法院重审。此案可谓一波三折，某区人民法院经重审，作出“（2012）某法执监字第3号”执行裁定书，撤销某区人民法院的裁定，驳回在执行程序中追加被执行人的申请，法院明确指出，原告可另循诉讼或其他法律途径解决。另外，笔者代理的另一起执行案中追加夫妻的配偶为被执行人，亦被法院驳回，后另诉并取得生效判决书，方才申请追加该配偶为被执行人。因此，

在执行程序中直接追加非案件当事人，具有较大风险。

二、关于第三方出具的“验资报告”如何认定其作为证据的效力问题

张某等被告提出某会计师事务所出具的“验资报告”是合法有效的，足以证明其履行了增资义务，那么在有相反的证据，证明内容虚假时，能否认定会计师事务所出具的“验资报告”合法有效？又假如第三方出具的证明文件，如存在内容虚假的问题，如何认定其效力？根据《最高人民法院关于民事诉讼证据的若干规定》第九条的规定，即便是国家机关或人民法院等权威第三方出具的文书，如果有相反证据足以推翻的，亦不能采信。也有学者直接认为“审计报告对于相关会计事实不具有证明作用”。[①] 会计师事务所出具的“验资报告”，并非上述权威机关出具的文书，企业在登记注册或进行增资时，根据《企业登记管理条例》的规定，需要依法成立的第三方会计机构出具验资报告或证明，因此如有相应证据，证明内容虚假，则不能认定其效力。另外，需要提及的是，如果第三方出具的证明，系行政证明文件或行为，则需要通过法律程序推翻该行政认定，法院方可认定其无效，法院一般不能直接否定行政证明文件的效力。比如，某案中一名股东伪造另一名股东的签章，进行股东工商登记变更，后经笔迹鉴定，认定该签章是虚假的，则首先要进行行政诉讼或复议，诉请工商登记机关撤销该项登记。

三、股东出资不实的侵权责任与股东的清算责任是否可一并主张

张某等股东不仅未实际增资，根据《最高人民法院关于适用〈中华人

---

① 王军、蒋馥蔚：《审计报告的鉴证作用和证明效力探讨》，《财务与会计》2019 年第 2 期。

民共和国公司法〉若干问题的规定（三）》第十三条第二款的规定[①]依法应在出资不实的本息范围内承担补偿清偿责任；2005 年某市工商行政管理局作出“某工商企处〔2005〕第 2359 号”行政处罚决定书，对粤某公司作出吊销营业执照的处罚决定，吊销之后一直未进行清算，而且张某等股东也一直未履行清算义务，根据最高人民法院《关于适用〈中华人民共和国公司法〉若干问题的规定（二）》第十八条第二款的关于“股东应承担清算义务的责任”规定，张某、陈某应对粤某公司的债务承担连带清偿责任。

补偿清偿责任与连带清偿责任相比，连带清偿责任的范围要大于补偿清偿责任，第三人负了多少债务，被告都要连带清偿，而补偿清偿责任，是限定于出资不实本息范围之内的责任。那么在两种责任都可能存在的情况下，两种不同的法律关系是否可以在一案中并行主张，还是两种法律关系，需要两宗案件另诉？最高人民法院“（2019）最高法民终 77 号”民事裁定书的裁判要旨指出“可以合并审理主要包括三种情况：一是基于同一事实提起的诉讼；二是诉讼标的相同或者同类的共同诉讼；三是本诉和反诉”。本案法官虽然对两个诉讼都进行了审理，但本案中“未增资”和“未清算”并非同一事实，仅当事人相同，按上述意见，法院应不能合并审理，本案的合并审理，系法官为避免当事人的诉累而合并。

四、律师办理本案的心得体会

本案经过执行裁定、申诉、复议、重审，又经一审诉讼、二审终审的民事诉讼和执行程序，案件事实反复审理、证据反复质证审定，程序严格

---

① 《最高人民法院关于适用〈中华人民共和国公司法〉若干问题的规定（三）》第十三条第二款：公司债权人请求未履行或者未全面履行出资义务的股东在未出资本息范围内对公司债务不能清偿的部分承担补充赔偿责任的，人民法院应予支持。

审慎把关，各级经办法官如履薄冰，严格依法办案，实体上认定事实清楚，程序合法，是经得起考验的一项公正判决，后来被告张某也自愿按判决履行了义务。从律师代理工作角度来看，本案是一项代理时间特别长的案件，也经历了诸多的波折和案情反转，但自 2015 年接受代理和委托以来，律师一直非常勤勉地工作，研究案情，调取该案历史案卷、资料，充分准备起诉材料，认真撰写一审、二审的代理意见，被告在终审之后，还继续向省高级人民法院申诉，直至被省高院裁定驳回，程序漫长，被告穷尽一切程序进行拖延和抗辩。

代理本案获得极为宝贵的经验和体会——复杂的诉讼案件，需要极其认真、周全地考虑案情，并且需要极大的耐心来对待案件。

刘某与何某租赁合同纠纷案

——何种情形下租赁合同无效，如果租赁合同无效，租户投入的房屋装修损失谁来承担？

【案情介绍】

2013年10月28日，被告何某与某市某物业管理有限公司（以下简称物业公司）签订“某市某大酒店租赁经营协议”（以下简称“租赁协议”）。该“租赁协议”约定：“甲方（即物业公司）将位于某市天河区某路303号某大酒店名下的经营资质及其拥有的第一层、第三层至第七层的房屋租赁给乙方（即被告）作为酒店、娱乐用途。”同时，“租赁协议”第三条还约定：“租金按人民币60元/月/平方米（含物业管理费、不含各种营业税费）计算，每月承包租赁金合计人民币壹拾伍万捌仟元（小写158000元）……租金按月结算，由乙方在每月第5日前，以现金或者转账的付款方式缴付租金给甲方，甲方收到乙方租金时开具等额收据。”

2015年12月1日，物业公司、刘某与被告又签订了“有关权利义务转让事宜的补充协议”，约定：“①自本协议签订之日起，原合同（即“租赁协议”）中约定的甲方（即物业公司）的一切权利与义务一并转让给丙方卢某（即原告）。②乙方（即被告）同意甲方将原合同权利与义务转让给丙方。”

2016年8月以来，何某一直拖欠租金、水电费等，虽经刘某多次催促，但何某仍拒不缴纳。为此，刘某于2016年11月7日向某区人民法院提起诉讼，其认为，“租赁协议”及其补充协议为双方的真实意思表示，一经签订便具有法律效力。根据“民法典”第五百零九条的规定：“当事人应当按照约定全面履行自己的义务。”被告拒不支付租金及水电费的行为，已经构成违约。“租赁协议”第十一条的规定：“租赁经营期内，乙方有下列情形之一的，甲方有权收回标的物，并对押金不予退还，标的物内设施、设备、物品无偿收归甲方：……④拖欠租金、水电费其中任何一项超过两个月，经甲方发出书面催告通知之日起七日内仍未付清的。”由于被告拒不支付租金及水电费已超过两个月，且经原告书面催告仍不支付，原告决定解除与被告的合同，并不再退还押金。

被告辩称，不同意原告的诉讼请求。理由如下：①双方签订的合同有效，合同期限至2030年12月31日，被告投入巨额资金，没有违约行为。②被告基于不安事实存在，行使不安抗辩权，业主方已将该房屋交由某产权交易所重新挂牌交易，并且将清场的通知发给了被告，被告以律师函的形式通知了原告，要求保证租赁合同期限的问题，原告对此没有回应，因此被告认为原告丧失了履行合同义务的能力，依据相关法律关于不安抗辩权的规定，中止向原告支付租金，并不构成违约。希望法院支持合同继续履行，驳回原告诉求。本案第三人（即房屋业主）称，合同自2015年8月30日已经终止，后双方协商限定一年的协商期至2016年8月30日，但之后双方未再续约，合同应视为已经终止，原告应将房屋归还给业主。针对第三人的答辩，原告认为不成立，理由是原告与第三人的租赁纠纷正在另案审理当中，双方补充协议第五条第二款约定“租期届满，乙方请求延长租期的，应在租期期满前6个月提出书面请求。若乙方能切实履行租赁合同书及补充协议的各项约定，按时足额交付各项应交款，甲方同意租期顺延至2030年12月31日，租金按本协议第六条执行。”原告认真履行了协议并对租赁物进行了巨大投资，因此应按该合同履行至2030年，且该案尚未有法院判决。某区人民法院审理之后作出“（2016）某0106初字第

19202号”民事判决书，支持刘某要求解除合同及何某承担违约金的请求，后何某上诉至某市中级人民法院，中院裁决因程序问题撤销该判决并发回重审，本案是重审案件。

在上述案件审理期间，何某又在某区人民法院另案起诉刘某，主张其与刘某签订租赁合同，租赁期限至2030年12月31日，共17年，原告按照17年的期限共投入装修款800多万元，由于被告隐瞒租赁合同于2016年到期的事实，造成其重大经济损失，为此要求赔偿装修款的残值467万元，以及支付违约金、退回租赁押金、赔偿其他直接经济损失等。刘某辩称，不同意何某上述诉求，因为何某是明知租期至2015年8月30日并附续签条件的，刘某不存在隐瞒情形，而且何某违约长时间拖欠租金，经多次催收不付，严重违反了合同约定，何某应承担违约责任。法院随后对装修损失进行委托评估，何某对租赁物装修价值为383万元。

法院经审理查明：在19202号案中，何某提交了业主方通知刘某等人租赁到期的通知，以及要求刘某和实际承租人尽快腾退离场的书面通知、某产权交易所挂牌交易等文件，刘某也向法院提交了该酒店仍在经营中的发票等证据，认为虽然被告举证事由属实，但并未最终对原告承租权产生实际性影响，事实上被告经营也未受到不利影响，被告仍拒付租金属于无理行为。

法庭又查明下述主要内容：①2017年1月18日业主方与刘某等三人签订了“某酒店变更承租人补充协议”，其中明确合同期限至2015年8月30日，“租期届满，乙方请求延长租期的，应在租期期满前6个月提出书面请求。若乙方能切实履行租赁合同书及补充协议的各项约定，按时足额交付各项应交款，甲方同意租期顺延至2030年12月31日，租金按本协议第六条执行”。在上述期限届满之前，双方协商顺延一年租期至2016年8月30日，后业主方认为刘某等承租人存在未切实履行合同、逾期交租、违反消防法规、私刻公章等行为，不符合顺延条件。②业主方另案向某区人民法院提起诉讼，要求法院确认其与刘某等人签订的租赁合同于2016年8月30日到期终止，并且要求刘某支付占用费等诉求。法院查明2018年4月4日业主对房屋停电、停水，导致该房屋无法正常使用和经营，业主承认于2018年10月13日自行收回了租赁房产，此后法院作出“（2017）某0106号天法民初字第10794号”民事判决，判决双方租赁合同于2016年8月30日终止，刘某依合同向业主支付合同约定月租金150%至2018年4月3日止，后中级人民法院终审维持原判。

【裁决结果】

上述两案法院经审理认为，根据《最高人民法院关于审理城镇房屋租赁合同纠纷案件具体适用法律若干问题解释》第十五条的规定：“承租人经出租人同意将房屋转租给第三人时，转租期限超过剩余租赁期限的，人民法院应当认定超过部分的约定无效。但出租人与承租人另有约定的除外。”据此，认定刘某与何某约定的超出2016年8月30日期间的租赁约定无效。根据“民法典”第一百五十七条的规定：“民事法律行为无效、被撤销或者确定不发生效力后，行为人因该行为取得的财产，应当予以返还；不能返还或者没有必要返还的，应当折价补偿。有过错的一方应当赔偿对方由此所受到的损失；各方都有过错的，应当各自承担相应的责任。法律另有规定的，依照其规定。”由于合同无效，刘某要求解除租赁合同、要求腾退房屋不予支持；对于2016年8月30日（地铁公司停水、停电之日）之前，仍由何某占用该酒店进行经营的，由于占用期间仍可继续经营，应按照租金标准支付占用费和拖欠租金的利息，对其不安抗辩权的主张不予支持。

对于何某诉刘某要求赔偿装修等损失，法院认为刘某作为出租人，应对合法出租的房屋有清楚的认知并保障承租人在约定的承租期限内能正常使用，但刘某在2015年8月30日未与业主就续约达成一致的情况下，于2015年12月1日与何某签订“补充协议”，从而认定刘某对合同无效应承担法律责任，并认定何某作为承租人有审慎的义务，但由于刘某于2015年8月30日之后仍能与何某签订合同并继续交付房屋使用，使得何某有理由相信刘某可将租期延续，因此认为何某作为承租人无须承担法律责任，但对于何某要求卢某承担违约责任、直接经济损失赔偿责任，无证据证实，不予支持。

对于刘某诉何某一案，法院作出如下判决：①判决何某按照租金标准向刘某支付占用期间的使用费；②判决何某按中国人民银行贷款利率承担拖欠占用费期间的利息。驳回刘某其他的诉讼请求。

对于何某诉卢某一案，法院作出如下判决：①判决刘某向何某退还租赁押金33万元；②刘某赔偿何某装修损失383万元，并驳回詹某其他诉讼请求。

【律师解读】

本案系转租房屋产生的纠纷案件，案件发展过程引发连环诉讼，过程起伏波折，关系错综复杂，最后法院判决“各打五十大板”，也算比较公平，这也是法院审判过程从利益平衡角度考量的体现。在民事案件中，房屋租赁纠纷是比较常见的民事案件，本案比较典型，现分享案件代理经验如下。

一、应注意审理过程中案情的新发展

案情的新发展，常常会影响案件裁决的结果。因何某自2016年8月开始即拖欠租金，经催告之后，何某明确表示行使不安抗辩权而不再支付租金，于是2016年11月刘某针对何某拖欠租金，向某区人民法院提出诉讼，要求解除合同，并追究何某的违约责任。后法院判决解除合同，要求何某腾退房屋，并承担违约责任。之后中级人民法院裁定因程序问题将本案发回重审。在重审过程中出现了新的案情——业主与刘某的案件已经取得终审判决，判决合同于2016年8月30日终止，确认业主于2018年4月4日停电、停水，业主于 2018 年 10 月 13 日自行收回该房屋。业主方通过诉讼终止了租赁合同，转租合同因超出租赁期限亦视为无效，因此要求违约责任、解除合同、腾退房屋即无依据。由于合同无效，因此何某提出索赔装修损失，则应按合同无效的责任来判断。

案情的新发展，即在审理过程中业主方终止了与刘某的租赁合同、收回了房屋，使刘某失去转租的基础。案情的新发展，导致判决结果的反转。由此可见，某些案件在漫长的诉讼期间，随着案情的新发展，从而可能出现新证据或新的事实。

二、应注意处理房屋租赁关系案件的几个关键要点

（一）关于合同重要条款应明确、细化的问题

本案刘某与业主租赁合同是否应继续的争议，是出自双方的租赁合同中一句并不明确的约定“租期届满，乙方请求延长租期的，应在租期期满前 6 个月提出书面请求。若乙方能切实履行租赁合同书及补充协议的各项约定，按时足额交付各项应交款，甲方同意租期顺延至 2030 年 12 月 31 日”，何为“切实”？容易引起争议，承租方认为其切实履行了合同，合同理应续签，而业主方则认为承租方有不按时交租、违反消防法规等行为，不具有续约条件。从而也引发了刘某与何某的转租纠纷。因此，对于重要条款，要注意具体细化，并可执行。

（二）关于合同的出租条件、合同无效的责任分摊问题

房屋是否符合出租条件，通常争议比较多的焦点问题如下：其一，出租方是否按约提供了具备租赁条件的房屋，比如，消防是否合格？是否提供消防报验的资料文件？笔者曾代理一起某菜市场的租赁合同纠纷案件，就是业主方无法提供菜市场所在大楼的一次消防报验的资料，导致承租方

边装修、边等待资料，后因无资料办理不了消防验收，因此停止交租，由此引发纠纷。“无效的合同，无法律效力，不但不产生当事人预期的法律后果，而且有过错的当事人还要承担赔偿损失的法律后果。”[①] 因此，对于租赁物的出租条件必须详细列明，租赁物本身有瑕疵的，还应事先列明责任分担问题。

（三）关于装修损失的问题

租赁合同，尤其是一些大型物业，如商场、工厂、园区等，都会存在承租人对租赁物的改造、装修的投入，如果双方产生纠纷，中途解除合同，那么对于改造、装修的投入，如何进行评估，又如何分担相应损失的问题，是经常遇到的争议焦点，根据《最高人民法院关于审理城镇房屋租赁合同纠纷案件具体应用法律若干问题的解释》第九条的规定，[②] 在处理无效房屋租赁合同涉及的装饰装修物纠纷时，应根据出租人的需要程度和物品可利用价值，结合过错责任原则，分别对待。属出租人过错的，由出租人补偿承租人的装饰装修损失；属承租人过错的，由承租人自行承担装饰装修损失；属双方共同过错的，按过错责任分担装饰装修现值损失。对于装饰装修价值，即使当事人有合同约定，在审判实践中，法院一般也需要对装修残值进行委托评估，评估原则上会按实物 + 票据方式作为实有价值的基础，因此，当事人在租赁关系中，需要注意保留装修装饰的实物和票据（合同、发票），而且在租赁合同中，对于装修损失和责任进行明确约定也是非常必要的。

---

① 王福全：《合同无效后的责任性质研究》，《商丘师范学院学报》2005 年第 4 期。

② 《最高人民法院关于审理城镇房屋租赁合同纠纷案件具体应用法律若干问题的解释》第九条：“承租人经出租人同意装饰装修，租赁合同无效时，未形成附合的装饰装修物，出租人同意利用的，可折价归出租人所有；不同意利用的，可由承租人拆除。因拆除造成房屋毁损的，承租人应当恢复原状。已形成附合的装饰装修物，出租人同意利用的，可折价归出租人所有；不同意利用的，由双方各自按照导致合同无效的过错分担现值损失。”

广成公司与某博物馆建设工程施工合同纠纷案

——项目因质量问题未验收，但业主已投入使用，合同可否解除？一审判决失利，二审如何反败为胜？

【案情介绍】

（一）案件一审判决和委托代理情况介绍

2018 年 6 月广成公司接到某市中级人民法院的民事判决书，判决结果广成公司败诉。这起案件是该公司于 2008 年 5 月 8 日通过政府公开招标程序中标的一项“建筑工程施工合同”引发的纠纷，项目业主为某博物馆，根据 2008 年 8 月 1 日中标通知，广成公司、武当公司与某博物馆就“某博物馆智能工程和文物系统防范工程采购及安装项目”签订“政府采购合同”，合同约定，工期为 55 天，交货方式为现场免费调试和验收，验收之前施工方需要对产品全面检查并验收文件，通过系统检测、系统初步验收、系统安装调试、最终验收才能竣工交付。合同签订之后，广成公司按约定进场施工，但由于施工过程的沟通、审批手续延迟等原因，该项工程虽基本完工，但在尚未竣工验收并确实存在一定质量问题的情况下即交付使用，之后该项工程边使用边维修至 2014 年 10 月合作终止，某博物馆自行找其他维修单位维护，双方对违约责任各执一词，业主方认为自己并未使用，也未找其他人员维修，只是检测设备或另新增其他的设施设备，诉称施工方施工不合格、不负责，工程不仅严重延期，而且存在重大质量问题，无法验收，并指称施工方于2014年10月失去耐心，擅自停工走人。而施工方坚称已经基本完工，延期问题是业主方审批延迟、建筑物局部倒塌等原因所致，监理方2009年5月已出具完成施工并竣工的证明，但业主方迟迟不予验收，并且于2014年10月将施工人员强行赶走，对该工程自行使用和维修，而且业主方仅支付合同工程进度款700万余元，尚有工程尾款140多万元未支付。2016年9月业主方就本案曾向某市某区人民法院提起诉讼，在审理过程中，业主方自行撤诉，并于2016年12月提高诉讼金额后向某市中级人民法院提起诉讼，要求解除施工合同，施工方退还已支付的724万元进度款，支付误期赔偿金、质量赔偿金、罚款、直接经济损失等共计2000万余元。施工方不同意上述诉讼请求，并提出反诉，要求业主方兑付工程尾款和质保金等144万余元，诉讼中双方各执一词，无法调解。2018年6月25日某市中级人民法院作出一审判决，判决内容如下：第一，判决双方合同解除；第二，判决施工方退还已收取的施工款742万余元；第三，判决施工方向业主支付罚款248万余元，驳回施工方的反诉。于是，出现了上述令广成公司震惊的一幕，该判决是对业已基本完工的工程的完全否定，对施工方所投入的采购、建设、设施等成本完全不予支持，不仅要退还施工款项，而且要支付巨额罚款，结果让施工方无法接受。

（二）案件代理过程和要点

1. 前期对案情进行全面调研，充分掌握案情

广成公司决定委托本律师团队代理二审，接受委托之后，第一件事情，团队主办律师上门至客户处，与经办该项目的主管领导、项目经理、具体施工人员进行案情交流会议，几次会议都是从工作时间直至深夜，甚至“边吃盒饭边开会”都成了工作的常态，通过夜以继日的工作，主办律师掌握了该项目从中标到一审判决过程中案情的细节，梳理出有意义的案

件线索和要点。第二件事情，律师团队研究案情，根据一审的全部案卷材料和案情会议中提取的细节所涉及的证据，发现必要事实证据，立即安排做全面收集和整理，比如，新增加施工方资质和业绩材料、双方的往来函件、该项目维修记录、该项目开馆运营的网络截图等16份新证据，上述证据材料，对事实确认非常重要，一审中并未提交。第三件事情，代理律师亲自至项目所在地实地察看现场，了解该项工程的情况，听取该项目负责人对案情的陈述、业主方态度等情况。

2. 与客户共同研讨案件，确定诉讼策略和方向

全面掌握了案情和证据材料之后，本律师团队多次开会研究案件涉及的法律关系和适用的法律、司法解释，并收集了最高人民法院和其他法院的类似司法判例，还查询了行政部门，如公安部、该省相关部门对安防的相关规定，咨询了该省安防相关负责部门的意见，之后负责律师又多次上门与客户管理层就案情的诉讼方向、策略进行商议，管理层也认真听取了律师的意见，支持律师策略。本律师团队认为，目标是争取二审进行改判，此为一场“攻艰战”，必须要火力全开，在上诉状中需将主张、证据、论述，清晰、有力地向法官呈现，并且将已有判例，包括该省高院自身的案例，附在上诉材料中列明呈现，将新获得的证据全部向法庭提交，以确切有力地支持代理人的观点，最后定稿的上诉状字数达12000多字，新提交的证据共16组。上述材料，也是经多次与客户的管理层商议修订补充，最后由客户股东会敲定，方才递交给该省高级人民法院。

3. 诉讼进程中的开庭、质证，以及补充新证据等措施

针对我方提出的上诉状和证据清单，对方倍感压力，为了保住一审的胜利成果，在二审中加大谈判的筹码和对法庭的压力，于是跟着提出上诉，要求施工方增加赔偿误期赔偿金、直接经济损失计1000余万元。2018年12月2日本案在该省高级人民法院如期开庭，双方律师均出庭应诉，业主董事长亦旁听本案的法庭审理，审理过程中，三位法官对案件进行细致地审理，依据法定程序进行了法庭调查、法庭辩论、最后陈述等法庭审理的阶段，对证据进行质证，对焦点问题进行激烈的法律辩论，在法庭辩论阶段，本律师团队清晰、准确地陈述了上诉请求、提出相关证据，以证明该项目在完工之后，虽未进行验收，但责任并不在施工方，而且该项目自2018年10月起即一直处于使用状态，并向法庭提出了对工程进行现场调查，调取业主方的安保记录，对工程质量进行鉴定的各项申请。对方代理律师认为，施工方签订《政府采购合同》，理应按约定全面履行合同，但施工方不仅偷工减料、以次充好、施工的工程粗制滥造、延迟交付，最重要的是工程根本无法投入使用，以致该项工程一直瘫痪闲置，并未投入使用，造成巨大经济损失。庭审结束之后，法院主持双方进行调解，但由于双方分歧太大，调解未果。

4. 开庭之后，争取调解的努力

开庭之后，双方律师互相传达了和解的意图，施工方也充分表达了善意，表示愿意五个月内以最新的标准修复和完善该项目，以完成验收，费用均由施工方承担，并且不再追索后期的尾款和质保金，但由于业主方是事业单位，需要集体决策，以及需要上级的批复，因此该和解反复沟通长达一年多的时间，和解协议文本亦根据业主方的要求多次修改，但是最终以业主方不同意调解而终止。在此期间，律师团队为争取和解，多次书面致函给业主单位相关领导，以及上级单位领导，陈述和解对双方的益处，尤其是对业主方的利益，但均未得到业主方的正面回应，笔者认为对于业主方决策者而言，获得判决书才是最稳妥的选择。

5. 代理律师在开庭之后的努力

双方调解未果之后，2019年9月至10月业主方某博物馆又在施工场馆举办了一系列的公开庆祝活动，见此情况主办律师紧急前往该市取证，由于案件处于审理阶段，公证机关不能介入，律师经多方联系，取得当地律师配合，由当地律师紧急前往现场，经过两天的周密取证，取得强有力的证据，进一步证实业主方一直在使用该施工项目，律师团队将律师见证书按证据规则的要求，将上述新证据交给承办法官，并且向法官提出申请现场取证的书面请求，法官收到上述材料之后，认为案情已无须现场取证，因此未同意代理方的请求。而即便在此时，案情仍不明朗，而且案件已经持续一年有余，各种负面猜测较多，客户万分焦虑。本案利害攸关、责任重大，代理律师庭后又多次向合议庭法官寄送书面的和解方案、代理意见、案件焦点分析等意见数十份，一再向合议庭的法官阐明案件分析意见，积极争取法庭支持。

【裁决结果】

经过长时间的煎熬等待，终于柳暗花明。2019 年 12 月 11 日该省高级人民法院下达“民事判决书”，对一审判决完全改判，认定合同合法有效，该项工程虽然没有通过竣工验收，但业主方已经于 2009 年陆续接收工程并使用至今，合同已经履行完毕，不符合合同解除的条件，故对一审返还工程款和进行罚款的判决不予支持，予以撤销，驳回其提出的误期赔偿金、直接经济损失诉求；认定业主方已经接收工程并且已经使用，应向施工方支付工程尾款和质保金，支持施工方反诉要求，驳回业主方的其他诉讼请求。判决内容支持广成公司大部分上诉请求，仅因施工方误期交付工程支付赔偿金 395 万元。上述判决对上诉方意见的采纳，彰显出二审法院对法律关系和案件性质清晰、准确的把握，以及依法、公正裁决的无私原则。

【律师解读】

代理重大疑难案件要有充分的心理准备，要打赢一场艰难的“战役”，要反败为胜，成功逆袭，只有一个准则，就是必须背水一战，以专业、信念、证据作为武器，带领团队以智慧和坚韧力争成功。当然，并不是所有案件都会取得代理的成功，即便如此，代理律师仍需全力以赴，方能赢得法官和对手的尊重，取得当事人的信任。

本案律师经过辛勤工作，获得上诉的成功，办案经验分享如下。

一、对待案件必须坚持勤奋和高度的警觉

律师最基本的工作态度，是要克服懒惰和不作为，要通过细致研究、实地勘查、当面访谈等方式，把复杂的案情搞清楚、弄明白，要认真对待每个细节和证据，发现对案情有帮助的细节案情和证据，就要想办法查问清楚，设法取得证据，对关键案情和证据，要保持高度的警觉。比如，本案在开庭之后，律师偶然得知业主方在开展群众入园的庆祝活动，立即发现此为一项重要的新证据，当即紧急与当事人沟通，联系当地律师进行取证，几经努力，终于获得此“无法忽视”的新证据。

二、办理重大疑难案件，需要团队作战

对办案的诉讼方向、策略和技巧，要听取不同律师的意见，要实行民主集中制，要广泛听取团队律师、客户经办人、客户管理层等各方的意见，在广泛听取不同意见的基础上，统一办案的策略和思想，办理重大案件时如果律师“坐井观天”或者“闭门造车”，极有可能发生疏漏或者走极端的情况，从而办不好案或损害客户的利益。对于本案的案情，不仅团队律师多次组织多名资深律师进行探讨，而且专门咨询高级法院退休资深民事法官、专家。在案件开庭之前。承办律师对案情、法律关系、性质等情况已经胸有成竹，在庭审过程中对案情、证据、法律等了然于胸，才能对答如流。

三、需注重以书面形式转化对诉讼主张的支持

在向法院递交起诉状和证据材料之后，随着案件的发展和对案情的不

断了解，可能需要对诉讼主张、诉讼请求做出一定的调整，而且此过程中可能会出现新的思路和见解，那么代理律师在通盘思考案件时，需要将这些成熟的思想、策略、意见，形成书面形式的材料，向法庭提交，并要不断地搜索类似的判例、司法解释和相关规定，就可能不断对案件有新发现。本案除了提交两次上诉状之外，在诉讼中还调整了陈述的事实和内容，多次以书面形式对案件焦点问题进行阐明，最后的案件结果，也证明律师代理工作是富有成效的。

四、要站在法官的思维角度，甚至对手的思维角度思考案件

遇到复杂案情之时，需要多站在法官的角度考虑问题，而不仅仅是站在委托人的角度。站在委托人角度争取权益是对的，但策略上需要站在裁决者的角度思考问题。假定自己是一个居中裁决者，对一个案件的裁决会持何种态度和见解，“一审与二审不同的裁判方案是因为法官不同的裁判思维。一审法官的思维过程是三段论推理形式的，而二审法官的思维过程是完全不同的。”① 以法官裁判的思维——“情境思维、平衡思维、交涉理性思维、价值衡量思维、整体性思维、结果导向思维”② 等多思维的角度审视案件，有利于平衡办案律师的心态。不同审级案件的法官思维特征是不同的，代理律师应有多角度的综合思维能力。

五、律师须保持良好的诉讼心态

律师作为代理人，切忌将自己等同于当事人的角色。由于身处案件关

---

① 林琳、赵芳：《疑难案件中的法官裁判思维——从个案实证分析出发》，《山东审判》2009 年第 3 期。

② 同上。

系当中，很多当事人很难保持理性的诉讼心态，“在司法实践中有的当事人会产生不良的诉讼心态，不能正确处理诉讼权利义务关系，这会给诉讼的开始、发展和终结带来严重不利影响。”[①] 而作为当事人的律师则必须保持客观、理性的思维能力，不可失落悲观，也不可得意忘形。在当前中国法制环境之下，首先要相信司法的公正及法官的专业水平，不被流言所困扰或影响，认为“关系”可以决定案件，对于疑难案件，承办律师要基于对案件的准确把握，内心作出预判，并保持自信和冷静的良好心态。

现借用一则经典故事作为本文的总结。

美国南北战争时期，俄亥俄州有个叫克莱门特·伐兰狄甘的政客，在内战结束后改行当律师。他工作态度像头牛，搜证能力像条猎犬，诉讼答辩像只狐狸，所以是法庭上的“常胜将军”，打赢过很多官司。1871 年 6 月 17 日克莱门特为一个被指控在酒吧开枪杀人的男子辩护。他指出被杀的酒客其实是被自己的枪打死的，是跪坐的姿势造成枪支走火，误杀了自己。克莱门特为说服陪审团，拿了一把上膛的枪，亲自表演给大家看。他说的没错，果然那样跪坐会造成走火，“砰”的一声，克莱门特被射中，当场死亡。陪审团于是判克莱门特的当事人无罪，克莱门特以死打赢了这最后一场官司。在当今这个法制比较完善时代，用生命去验证事实不值得提倡，但这种顽强探求真相的专业精神，着实让人无限敬佩，这也是一名优秀律师所必备的专业、智慧、顽强的精神！

---

① 徐小飞、高建国、唐晓韬：《矫正不良诉讼心态 引导依法理性诉讼》，《人民法院报》2015 年 8 月。

湘峰置业与李某民间借贷纠纷案

——民间借贷案件中法律关系交叉如何处理的问题

【案情介绍】

自2014年1月24日开始被告孙某陆续向原告李某和案外人陈某借款本金共计1215万元，该借款有相应的银行汇款流水和借据为证，并且提供了其他被告作为还款的担保。另外，原告在案中诉称的部分借款金额，没有签订借款合同和银行流行记录，仅有欠据，原告声称为现金交付。其间，案外人陈某将其对孙某的债权转让给李某，并且经过孙某及其他担保人的确认和同意，原告称其多次催告被告和担保人还款。但被告和担保人均未偿还。2014年12月3日原告为确认其债权，又与被告孙某签订“借款合同”，确认截至2014年12月2日孙某欠款本息共为1500万元。并且原告诉称2015年1月19日被告湘峰置业公司与其签订担保合同，对上述借款承担连带保证责任。此后，原告又多次向被告孙某催款未果，为此起诉至某区人民法院，要求债务人孙某偿还本息、罚息和律师费用，要求包括湘峰置业在内的担保人承担连带偿还责任。对上述诉讼被告孙某未出庭、未答辩，亦未发表意见。被告湘峰置业公司称对本案一无所知，其没有在合同上盖章，其股东会也未曾同意担保或提供同意担保函，提出在担保合同上的湘峰置业公章系伪造，在某区法院审理并结案的被告孙某一宗同样类似债务案件中，经鉴定湘峰置业的公章系伪造，因此，申请对合同上的印章进行鉴定。

法院经审理查明上述案情属实，并且查明湘峰置业公司担保合同上，仅合同尾页的签署栏上加盖了湘峰置业公司的公章、法定代表人“胡某”的方片私章，又没有骑缝章，后法院委托鉴定机构对上述印章进行鉴定，结果证明该印章与被告在公安局备案印章不符，方片私章未申请鉴定。法院认为，虽然被告孙某未出庭和发表意见，但原告对其主张的事实有举证义务，原告提出1500万元的借款，其中有充分证据为1215万元，对于仅有借款合同，没有银行汇款记录，或诉有借据但称为现金交易的，均不支持，法院认定1500万元借款合同的真实性存在疑问，并且经鉴定担保合同上的印章并非湘峰置业公司备案公章所盖，不能证明该合同是湘峰置业公司的真实意思表示，认定担保合同无效。

【裁决结果】

2018年10月30日某区人民法院对本案作出一审判决，判决内容如下：被告孙某对1215万元债务的本金和利息（部分为月利息2%，部分为6%年利息，按合同约定）承担偿还责任，其他几名被告承担连带责任；驳回要求湘峰置业公司承担连带担保责任的诉求。本案一审判决之后，原告对于驳回对湘峰置业公司判项并未提出上诉，后一审判决生效，湘峰置业公司无须承担责任。

【律师解读】

民间借贷案件是近几年案发率很高的民事纠纷案件，不仅涉及民事关系案件，还可能涉及虚假诉讼、“套路贷”等多种刑事法律关系，存在刑民交叉的问题。最高人民法院就民间借贷案件的审理，也专门颁布了相关的司法解释，[①] 律师在办理民间借贷诉讼案件中以下几点比较重要，需要

---

① 《最高人民法院关于审理民间借贷案件适用法律若干问题的规定》（法释〔2015〕18号）第一条：“本规定所称的民间借贷，是指自然人、法人、其他组织之间及其相互之间进行资金融通的行为。”

引起代理律师的注意。

一、民间借贷案件需要高度警惕虚假诉讼

虚假诉讼就是“行为人通过不正当手段提起诉讼以规避法律、法规或国家政策以谋取非法利益为目的，双方当事人恶意串通，虚构事实，借用合法的民事诉讼行为”。[①] 近几年民间借贷案件高发，其中也裹挟了很多虚假诉讼案，当事人合谋通过法律途径，取得裁决书，以此非法谋取利益。比如，当事人将房屋抵押给银行之前，又与第三人串通签订长达二十年的租约，再提起虚假诉讼或仲裁，认定租赁合同有效，既达到向银行融资不还的目的，又达到长期占有该物业的目的。又如，某司向陈某转让一块国有建设土地，由于城区收储计划而未能完成过户交易，后该司与第三人串通，采用虚假诉讼，认定该司拖欠巨额债务，取得判决之后，第三人申请强制拍卖其名下土地，后由案外人购得，第三人获得拍卖款项，陈某土地权益受损，实则为一宗典型的虚假诉讼案。

虚假诉讼严重侵害了权益当事人的正当合法权益，破坏法律制度，扰乱社会经济秩序。2015 年 11 月 1 日《中华人民共和国刑法修正案（九）》（刑法第三百零七条之一）增设了虚假诉讼罪。2018 年 10 月 1 日最高人民法院、最高人民检察院颁布施行《关于办理虚假诉讼刑事案件适用法律若干问题的解释》，指出在民间借贷诉讼中，“虚假民间借贷诉讼是指当事人为了获取非法利益，通过采取恶意串通，捏造事实、伪造变造证据、虚构法律关系等方式提起民间借贷民事诉讼，意图使人民法院作出错误裁判和执行，侵害第三人、集体或者国家利益的行为”。

因此，律师在代理民间借贷纠纷案件时，要高度警惕案件是否存在虚假诉讼的情形，维护当事人权益的同时，要防范被利用，以免对执业造成

---

① 韦晶：《虚假诉讼问题研究》，《法制与社会》2016 年第 26 期。

负面影响。

二、可能存在“套路贷”、非法经营等刑事法律的问题

准确把握“套路贷”与民间借贷的区别。“涉黑‘套路贷’不同于民事领域的普通高利贷行为，而是具有黑社会性质的犯罪行为，具有刑事违法性”。[①]“套路贷”这类犯罪行为最初起源于民间高利贷，尤其是网络借贷、校园贷兴起之后，犯罪分子通过网络借贷，采取超高利率和附加费用、违约金等方法，掠夺当事人的财物，并以暴力、侵犯隐私等手段逼迫当事人支付款项，使当事人不堪其滋扰和侵害，引发严重社会后果，此种犯罪行为已经造成社会的强烈反应，是以民间借贷为幌子，以“欺诈”“强迫”等手段侵犯当事人权益，区别于经平等、协商达成一致意见的合法借贷关系。在这类犯罪中，值得律师注意的是，犯罪分子除了通过滋扰、非法拘禁、敲诈勒索等暴力或“软暴力”手段催讨债务之外，还经常会采用合法的手段，比如委托律师以电话、“律师函”方式进行催告，或委托律师起诉仲裁。对于委托业务是否合法，存在极大的争议，亦容易将律师卷进犯罪行为当中，因此，必须慎之又慎。比如，2019 年青海省西宁市人民检察院对涉及“套路贷”的犯罪团伙提起公诉，其中控诉律师林某参与该团队的犯罪，[②]虽然事后检察院撤诉，但此案已对律师本身的执业和身心造成难以挽回的负面影响，因此律师在办理此类案件时，应特别注意防范执业风险。

民间借贷业务中可能会涉及非法经营的问题。根据《中华人民共和国刑法》第二百二十五条的规定，非法经营罪，是指违反国家规定，有下列非法经营行为之一，扰乱市场秩序，情节严重的，处五年以下有期徒刑或

---

① 毛玮琳、张毅：《涉黑“套路贷”的刑事规制困境与对策》，《中南财经政法大学研究生学报》2018 年第 6 期。

② 《新京报》（2019 年 8 月 20 日）——《西宁女律师林小青被控“恶势力成员”，检方已撤回起诉》https：//baijiahao. baidu. com/s？ id = 1642365914892402793&wfr = spider&for = pc。

者拘役，并处或者单处违法所得一倍以上五倍以下罚金；情节特别严重的，处五年以上有期徒刑，并处违法所得一倍以上五倍以下罚金或者没收财产：（一）未经许可经营法律，行政法规规定的专营，专卖物品或者其他限制买卖的物品的；（二）买卖进出口许可证，进出口原产地证明以及其他法律、行政法规规定的经营许可证或者批准文件的；（三）未经国家有关主管部门批准非法经营证券、期货、保险业务的，或者非法从事资金支付结算业务的；（四）其他严重扰乱市场秩序的非法经营行为。对于民间借贷案件中存在的非法行为，是否会构成非法经营罪的问题，虽然学术界有不同的声音，但2019年10月21日国家出台《关于办理非法放贷刑事案件若干问题的意见》，该意见明确规定："违反国家规定，未经监管部门批准，或者超越经营范围，以营利为目的，经常性地向社会不特定对象发放贷款，扰乱金融市场秩序，情节严重的，以非法经营罪定罪处罚。"由此可见，如果非法放贷符合上述情形，就可能构成犯罪。因此，律师在办理民间借贷案件时，要审查是否存在"非法经营"的情况，如果存在非法经营的情况，那么借贷合同则有可能涉刑而成为无效民事合同。当然，合法的民间借贷是受法律保护的，根据《最高人民法院关于审理民间借贷案件适用法律若干问题的规定》须保护出借人合法的利率诉求。比如，本案部分本金的月利息为2%，部分本金的年利率6%，均未超出上述规定，法院认定其有效，给予了支持。

三、民间借贷案件应重视审查证据

民间借贷案件看似比较简单，"借钱还钱，天经地义"，但必须要证明有借钱的事实存在，而且借贷关系必须是合法的，方才"天经地义"。要证明合法的借贷关系存在，除了有书面的借贷合同之外，还应该具有银行的汇款记录等证据，另外，对于依附借款合同产生的担保合同是否成立，亦是争议较多的问题。

（一）借款合同、担保合同、借据或印章、笔迹，如果存在争议，应对真伪进行鉴定

民间借贷案件中，借款合同、担保合同是比较容易伪造、嫁接的，在相当多的民间借贷合同案件中，出借方要求借款方在格式借贷合同、抵押合同上签名，而合同金额、利息、日期都不填，待产生纠纷之时再填写。例如，双方约定的利息超过法定最高利息，比如月利率5%，因此，出借人就先不填写利息，出现纠纷之后，则先扣除高额利息、罚息、违约金，再计算剩余本金，最后填写合同金额和利息，这种操作方法显然损害债务人的权益。而且债务人为了能及时借到款项，可能出现伪造担保合同或保证人签字的情形。比如本案的担保合同公章就是一枚“假章”，法定代表人的章一般未经过备案，也无法证明是法定代表人代表公司的意思表示。因此，在办理民间借贷案件中，对笔迹或印章填写的内容形成的时间有疑义的，应向法院申请鉴定。

（二）仅有合同、收据，没有银行汇款记录，一般不予支持

在民间借贷案件中，如果仅有合同、借据，没有银行支付流水，在对方否认的情况下，一般较难得到法院的支持，如果仅有银行流水记录，但没有借款合同、收据或其他的证据佐证，如邮件、微信记录，则有可能被当作非借款合同处理。比如，不当得利，这样利息诉求就很难得到支持。民间借贷案件法律关系虽然比较直接、简单，但应重视对证据的审查，某些借贷案件，是可以采取“移花接木”的手段来嫁接形成案件的。比如A曾汇款给B，而B以现金偿还或偿还到A指定的其他人账户，或者存在其他交易关系，B不需要偿还。如果A意图让B偿还，则A可能会伪造合同，或者串通再制作一份合同，再加上流水记录，就可能形成一起虚假诉讼案。

总之，除了上述法律问题之外，还要看到民间借贷普遍存在执行难的问题。笔者发现代理的大多数民间借贷案件都存在执行难的问题，比如，

笔者代理某区人民法院某起民间借贷案件标的达5000万元，但是债务人物业基本都存在银行抵押权，即便是查封或轮候查封到部分财产，因为银行抵押权优先的问题，执行中都变成“无益拍卖”，[①] 甚至其他债务人众多，仅有拍卖标的都远远不足以分配；再比如笔者代理的佛山亿能广场的案件，第三方多次提出执行异议，往往导致执行受阻，债权难以实现，因此，进行民间借贷需慎重。

① 朱子聪、何明波：《走出无益拍卖误区 树立拍卖效率理念》，《人民法院报》2019年8月。

某酒店管理有限公司诉吴某、某融资担保有限公司因申请诉讼财产保全损害责任纠纷案

——诉讼财产保全申请人申请保全行为存在重大过失的认定问题

【案情介绍】

2015 年 6 月 17 日，某区人民法院受理了吴某诉孙某、某酒店管理有限公司（以下简称“酒店公司”）借款合同纠纷一案，吴某要求孙某向其偿还借款本金 500 万元及利息，承担其为实现债权而支出的律师费 6 万元、担保费 6.7 万元，并要求酒店公司对孙某的债务承担连带担保责任。一审诉讼中，吴某向某区人民法院提出财产保全申请，要求查封孙某和酒店公司价值共 670 万元的财产，某融资担保有限公司（以下简称“担保公司”）为此提供了连带责任担保。某区人民法院于 2015 年 6 月 19 日作出民事裁定书，裁定冻结孙某、酒店公司的银行存款共 670 万元或查封扣押其相应价值的财产。在财产保全过程中，某区人民法院于 2015 年 7 月 15 日依法查封了登记在酒店公司名下位于某市某小区 301－320 房的房屋产权。后某区法院经审理认为，吴某提交的“担保合同”上所使用的酒店公司的印章是伪造的，担保合同上的印章不能代表酒店公司的真实意思表示，吴某在签订担保合同时，没有尽到审慎注意义务，故某区人民法院于 2017 年 7 月 14 日作出民事判决书，判决驳回吴某要求酒店公司对孙某的债务承担连带

担保责任的诉讼请求。吴某对上述判决不服，上诉至某市中级人民法院，某市中级人民法院于2018年3月9日作出民事判决书，判决驳回上诉，维持原判。

前述借款合同纠纷案件诉讼过程中，某区人民法院根据吴某的申请，查封的房屋系酒店公司从案外人某市某房地产有限公司（以下简称“房产公司”）购买的。2013年6月24日和2013年7月9日，案外人房产公司（甲方、卖方）与酒店公司（乙方、买方）签订48份《某市商品房买卖合同》，酒店公司向房产公司购买48套房屋，但在支付首期款后，酒店公司未能依约支付其余购房款。2015年5月5日，房产公司书面通知酒店公司解除48份《某市商品房买卖合同》。2015年7月31日，房产公司与酒店公司签订《解除“某市商品房买卖合同”协议书》，协议中，酒店公司确认48份《某市商品房买卖合同》已于2015年5月5日解除，在签订协议之日起7日内，双方在房管部门办理预购商品房注销登记手续，酒店公司按照总房价的10%向房产公司支付违约金，房产公司扣除该违约金后将购房预付款返还给酒店公司。但是，协议签订后，酒店公司与房产公司办理了28套房屋的预购商品房注销登记手续，其余20套房屋，即本案所涉及的20套房屋因被申请人查封，无法办理注销登记手续。房产公司因此拒绝返还该20套房屋的购房预付款共计10448982.6元、物业维修基金203647元，总计10652629.6元。2017年11月9日，房产公司向属地区级人民法院提起诉讼，要求酒店公司履行《解除“某市商品房买卖合同”协议书》，办理注销预购商品房登记手续义务，在案件审理过程中，经法院主持调解，双方达成调解协议，约定：酒店公司在协议生效后三个工作日内协助房产公司办理上述20套房屋的注销预告登记手续及备案登记手续；房产公司在酒店公司履行上述义务后十个工作日内将剩余的购房款及物业维修基金，扣除酒店公司应付的10%的违约金后，剩余6737235.3元退还给酒店公司；如果酒店公司不履行前述义务，房产公司有权申请强制执行。调解书生效后，涉案20套房屋因吴某与孙某、酒店公司借款合同纠纷案被查封，无法履行调解书确定的办理注销预购房屋登记手续义务，酒店公司无法取回涉案20套房屋的购房预付款，不仅面临经济损失，并且需要向房产公司承担违约责任。

2018年10月10日酒店公司向某区人民法院提起诉讼，要求吴某承担诉讼财产保全损害赔偿责任，包括赔偿无法及时取回购房预付款和物业维修基金产生的利息、房产公司诉酒店公司案件的诉讼费、律师费等，要求担保公司承担连带责任。

【裁决结果】

一、关于吴某诉讼财产保全行为是否构成侵权的问题

《中华人民共和国民事诉讼法》第一百零五条规定："财产保全申请有错误，申请人应当赔偿被申请人因保全所遭受的损失。"因此，认定吴某对酒店公司申请财产保全错误的前提是财产保全申请对应的诉讼请求是否存在错误，申请人对财产保全错误是否存在故意或重大过失。吴某在"（2015）某法民二初字第1940号"案中主张酒店公司对案外人孙某与其签订的《借款合同》所确定的债务承担担保责任，其主要依据是盖有酒店公司公章的《担保合同》，生效的一审法院"（2015）某法民二初字第1940号"民事判决书及某市中级人民法院"（2017）某01民终23327号"民事判决书均认定担保合同上的公章与吴某和酒店公司提出的所有公章样本不一致，通俗称"假章"，不能证明酒店公司对该债务承担担保责任的意思表示，并据此判决驳回了吴某关于酒店公司承担担保责任的诉讼请求。由此可见，吴某对酒店公司主张担保责任的诉讼请求及对酒店公司提出财产保全申请确有错误。吴某作为《担保合同》的相对方，没有认真审查担保人的身份情况，没有认真核查担保人对《借款合同》所确定的债务承担担保责任的意思表示是否真实，尤其对《担保合同》上酒店公司公

章的真实性没有尽到谨慎注意义务，据此，认定吴某在“（2015）某法民二初字第1940号”案中对酒店公司提出财产保全申请在主观上存在重大过失，吴某应对酒店公司的损失承担赔偿责任。

二、关于酒店公司是否因吴某的财产保全行为遭受财产损失的问题

错误财产保全造成的损失应该是被申请人合法的实际经济损失。酒店公司与案外人地产公司签订的《解除“某市商品房买卖合同”协议书》是双方当事人的真实意思表示，为有效合同，双方应当按照合同约定履行义务。由于合同所涉的20套房屋被查封，酒店公司依合同约定履行办理所涉房屋买卖合同注销手续存在障碍，导致其无法及时取得案外人地产公司退还的购房款，造成资金被占用的利息损失，故酒店公司主张吴某赔偿已付购房款利息损失有理，但该损失应当以酒店公司的实际损失予以确定。虽然吴某提出的财产保全申请，查封了酒店公司名下的20套房产，但并不妨碍酒店公司依《某市商品房买卖合同》约定履行合同项下的义务。从酒店公司与案外人地产公司签订的《某市商品房买卖合同》和《解除“某市商品房买卖合同”协议书》可以看出，案外人地产公司要求酒店公司解除包含涉案20套房屋的《某市商品房买卖合同》并要求酒店公司支付违约金，是基于酒店公司违约未能支付剩余的购房款所致，与所涉房产被查封无关，因此酒店公司将其损失的责任归咎于吴某提出的财产保全行为，缺乏事实依据。按照《解除“某市商品房买卖合同”协议书》约定，扣除所涉20套房屋总房价10%的违约金1653226.9元，案外人地产公司应当在2015年8月28日前向酒店公司退还本案所涉20套房屋剩余的购房款6719042.1元，酒店公司的资金被占用的利息损失应从2015年8月29日起至2018年4月8日止，以6719042.1元为基数，按年利率4.75%计付，为834174元。另外，因涉案房屋买卖合同纠纷酒店公司在“（2017）某0113民初

9342－9345、9347－9349、9351－9359、9412－9416 号”案件应支付的诉讼费 69603.5 元也属于酒店公司的实际损失，其主张吴某赔偿诉讼费 69603.5 元，理由成立。

三、关于担保责任的问题

担保公司在其出具的诉讼保全担保函中承诺为吴某提出的诉中财产保全申请提供连带责任担保，故家园公司主张明华担保公司就本案吴某的赔偿责任承担连带赔偿责任，系其真实意思表示，符合合同的约定，于法有据。

【律师解读】

本案的争议焦点为被告诉讼财产保全①行为是否构成侵权，原告因财产保全行为遭受财产损失以及担保公司担保责任的问题。本律师团队接受委托以后，明确该案关键点为被告申请诉讼财产保全行为是否存在过错（故意或重大过失），在另案借贷纠纷案件中，被告对于《担保合同》中酒店公司印章真伪未尽审慎注意义务，是否构成其对申请保全行为的重大过失。根据法院的说理分析，两审法院均认为，被告在另案中对其所签署的《担保合同》未予以合理审查，在《担保合同》的签署人既不是合法授权人也不是酒店公司员工的情况下，签订了《担保合同》，并依此合同要求酒店公司承担担保责任，构成重大过失。这一重大过失，既是被告对《担保合同》无效的重大过失，同时也进一步构成其申请保全行为的重大过失，根据《中华人民共和国民事诉讼法》第一百零五条的规定“财产保全申请有错误，申请人应当赔偿被申请人因保全所遭受的损失”，至于担保公司在诉讼保全担保函中承诺为吴某提出的诉中财产保全申请提供连带责

① 田周瑜：《论民事诉讼中的财产保全》，《东莞理工学院学报》2017 年第 2 期。

任担保，当然也应对被告的赔偿承担连带赔偿责任。

就本案诉讼效果看来，经本律师团队代理取得胜诉，具体总结经验如下。

首先，本案是一起民事诉讼保全而引起的侵权案件，属于比较新型的民事纠纷案件。根据《中华人民共和国民事诉讼法》第一百条和一百零一条的规定，在民事诉讼中，人民法院为保证将来的判决能得以实现，根据当事人的申请，或者人民法院依职权决定，对当事人争议的有关财物采取临时性强制措施的制度。因此，申请财产保全是当事人的诉讼权利，实施财产保全的主体是人民法院，但是在司法实践中，并非只要当事人申请诉讼保全错误，即判决申请保全方需要承担民事责任，而是必须要具有充分证据，证明申请人在采取保全时主观上有明显的“过错”，该“过错”是当事人主观存在“过失”或“故意”，并且由此过错，而造成被申请人的客观实际损失。因此，在办理此类案件时，切勿认为只要申请保全一方败诉，即可起诉追究其申请保全的赔偿责任。申请人有过错，并且造成实际损失，两者缺一不可。另外作为诉讼担保公司，也需要审慎提供担保，需审查当事人申请财产保全的正当性。

其次，民事诉讼中的重要证据往往有“双刃剑”的两面性，举证需谨慎。“作为诉讼制度的核心，证据是当事人维护自己合法权益的武器，也是法院认定案件事实依法裁判的依据”。[①] 民事案件中对待具有两面性或多面性的证据，一定要谨慎，以防没有证明自己方主张，反倒授予对方以“刀柄”。本案的胜诉，可归功于另案中律师不当举证向原告贡献了重要的证据，在上述另案的二审中，孙某的代理律师，向二审法院提交了一份视频证据，该视频显示在私家车上，孙某是在担保合同上加盖酒店公司的公章和法定代表人私章的人，而孙某并不是酒店公司的员工、法定代表人，仅是该公司法定代表人的配偶。孙某的代理律师提供上述证据，原本是为

① 丁耀东：《我国民事证据保全制度的完善》，《法制与经济》2011 年第 5 期。

说明孙某是酒店公司法定代表人的配偶，其又在合同上亲自盖章，证明了该章的真实性。而正是这一证据，恰恰成为推翻自己观点的有力反证，二审法院在判决书中明确指出，加盖该章的并非酒店公司法定代表人本人，不能证明系酒店公司法定代表人的真实意思表示，更加说明酒店公司不应承担担保责任，而且这一证据不只为该案二审维持原判提供有力的证据，而且成为本案胜诉的重要依据。正如法院在判决析理中引用被告这一证据，说明被告明知并非酒店公司法定代表人盖章，其缺乏审慎责任，具有重大过失，本案也可以说是律师“搬起石头砸自己的脚”举证的反面教材。

最后，代理律师，不能仅从自身角度考虑问题，更需要站在法官的角度，甚至对方的角度思考案件。站在法官角度考虑问题能更好地了解和思考裁判者需要支撑其作出有利于己方判决的事实依据和法律依据是什么，怎样才能让裁判者手中的天平往己方倾斜。一方面，站在对方角度思考，有利于经办律师能设身处地地考虑对方的诉讼策略、抗辩理由等，就如“自己和自己下棋”，永远知道对方下一步的策略，永远走在对方前面；另一方面，站在对方角度思考也可了解对方的难处，本着“同理心”能更有利于案件问题的有效解决。

甲公司与乙公司承揽合同纠纷案

——承揽合同中产品质量标准如何认定，产品质量瑕疵责任的承担问题

【案情介绍】

2016年10月11日，甲公司（甲方）与乙公司（乙方）签订《毛毡设备购买合同》，甲公司向乙公司订购毛毡生产线，总价为185万元，合同附件《气流线引进计划表》约定：应于2016年12月30日前交付设备，2017年2月28日前安装调试完毕。2016年10月13日，甲公司支付74万元订金，乙公司却未在2016年12月30日前交付设备。2017年1月20日，乙公司向甲公司申请继续付款，甲公司于2017年1月25日向乙公司转账50万元。但是，乙公司却延至2017年3月16日才交付设备，设备交付至甲公司的车间，并由设备供应方的工程师和技术人员进行调试，但是直至2017年5月20日设备仍无法调试至正常工作状况，调试期间设备屡屡达不到约定标准。为此，双方经多次协商之后，决定终止调试而对设备进行部分改造。至2017年6月10日，乙公司法定代表人徐某与其技术员工在甲公司厂房对案涉设备进行改造时，设备起火造成部分损害，起火之后，乙公司直接将技术人员撤离，设备一直闲置于甲公司车间。因设备起火之后损害严重，已经无法再改造使用，甲公司经与乙公司沟通赔偿未果，于是决定诉至法院，要求解除合同，乙公司退还款项124万元，赔偿己方损

失153万元等内容。

乙公司辩称，其一，认为设备质量不存在问题，己方已经按约定交付了设备，设备符合技术标准，无严重质量问题，并称火灾是甲公司人员操作不当、提供的辅料不符合要求所致，责任不在乙公司，而且火灾系甲公司单方面的陈述，并无事实和鉴定的证明，事实上甲公司一直在使用该设备，为此，要求甲公司继续支付剩余货款及逾期付款违约金。其二，乙公司并未逾期交货，安装调试也没有逾期。按照合同约定，甲公司应先履行付款义务，乙公司有先履行抗辩的权利。按合同约定，设备到厂之前，甲公司应当支付第二笔款74万元，但直至设备安装过程中，甲公司都未按约定完整支付尾款。乙公司认为其履行了约定，而甲公司无理违约，于是提出反诉，其一要求判令双方继续履行合同；其二要求甲公司支付拖欠货款61万元、支付违约金20余万元。

法院审理查明如下事实。

2016年10月11日双方签订《毛毡设备购买合同》及附件《气流线引进计划表》约定了产品名称、产品质量、付款方式，其中付款方式约定，合同签订且甲方支付设备款40%订金74万元之后，合同生效。设备到场前甲方再支付设备款40%即74万元，安装调试并生产出6～8款常规合格产品之后再支付10%即18.5万元设备款，即尾款。并且还约定了交货地点、时间，产品的验收，约定产品必须是良品，符合行业最佳标准，设备必须经检验合格出厂，且附设备的技术参数和产品介绍等，保证设备可生产出常规产品6～8款。同时约定了违约与争议的条款，其中约定，如甲方逾期支付货款，每逾期一日，需按未支付款项的千分之一承担违约金，乙方如不能按约定提供设备和调试产品，则每逾期一日，需承担千分之三的违约金；如乙方设备存在质量问题，且无力改造至合格的标准，乙方需退还货款，还需赔偿甲方80万元损失等内容。《气流线引进计划表》规定合同履行的时间点和计划，双方还共同确认了设备的配置方案书。合同签订之后，甲公司向乙公司支付了74万元的订金，但至2016年10月30日前乙公司未向甲公司交付设备，2017 年 1 月 20 日乙公司向甲公司提交了拟交付设备的《申请报告》，报告称于 2017 年 1 月 16 日、20 日分两次发送设备，剩余设备材料于 2017 年 2 月 8 日送达。甲公司收到报告之后于 2 月 25 日向乙公司支付了 50 万元；2017 年 5 月 25 日甲公司向乙公司发出《联络函》，称设备存在严重质量问题，不符合合同标准，无法调试生产合格的产品，要求其赔偿损失。另查明 2017 年 6 月 10 日双方调试人员在场调试发生火灾，以及双方负责人员就设备质量问题进行多次沟通的微信记录。

【裁判结果】

某区人民法院经过开庭审理，双方代理人辩论激烈、分歧巨大。法院审理后认为，本案的设备是乙公司根据甲公司的要求而定制的，性质为承揽合同纠纷，争议焦点为乙公司是否按约履行了合同义务，所交设备是否符合合同的约定，甲公司是否可以行使合同解除权，以及如果合同解除，解除之后的责任承担问题，据此，法院分析和认定、判决如下。

一、根据合同附件《气流线引进计划表》，乙公司应在 12 月 30 日前交付设备，但根据甲公司提交的乙公司《申请报告》、甲公司罗某与乙公司陆某微信记录等证据，证实乙公司在 2017 年 3 月 13 日仍未将涉案设备交付甲公司。因此，乙公司构成了逾期交货，违反了合同约定。

二、根据合同第五条约定的验收标准，需做出符合上述“设备用途”所要求的常规产品共 6 ~ 8 款。第七条约定安装调试周期为 38 个自然日。甲公司与乙公司法定代表人的微信记录、甲公司的联络函、监控视频、照片等证据显示：甲公司向乙公司多次反映设备存在缺陷、设备不能正常生产、后来完全停机，双方协商后续设备改造期，期间又发生火灾停机。上述证据印证交付的设备安装后一直存在问题，最终停机进行改造，在改造期内发生火灾的事实。乙公司没有提交任何关于双方验收合格的证据，设备起火也已不符合基本安全生产标准，因此认定乙公司交付的设备不符合约定的质量标准，构成违约。

三、根据《民法典》第七百八十一条的规定："承揽人交付的工作成果不符合质量要求的，定作人可以合理选择请求承揽人承担修理、重作、减少报酬、赔偿损失等违约责任。"第七百八十七条规定："定作人在承揽人完成工作前可以随时解除合同，造成承揽人损失的，应当赔偿损失。"本案中，甲公司作为涉案设备定作人，在乙公司逾期交货、逾期未完成安装调试合格的情况下，有权停止支付货款、解除合同，并要求乙公司承担相应的违约责任。甲公司已明确表示不同意继续履行合同，故涉案合同应予以解除。合同解除后，双方互负返还义务。因此，甲公司要求乙公司退还其已支付的货款124万元，具有事实和法律依据。同时，甲公司应当向乙公司返还涉案设备。对于乙公司要求继续履行涉案合同以及要求甲公司支付剩余货款及违约金的反诉请求，缺乏事实与法律依据，故不予支持。

综上，一审法院判决乙公司返还货款，支付赔偿金。后乙公司不服，提出上诉。二审法院审理后，同样判令乙公司返还货款，并支付赔偿金。

【律师解读】

本案当事人对案件责任问题存在巨大的争议，甲公司认为乙公司交付逾期且设备质量严重不合格，而乙公司认为甲公司逾期支付货款，自身交付的设备不存在严重质量问题，在双方对案件的主张针锋相对的情况下，本案诉讼存在一定的风险，如何做到胜诉，分享以下办案体会。

一、加工承揽合同中产品质量无具体标准，如何确定产品的质量责任问题

根据《民法典》第七百七十条的规定："承揽合同是承揽人按照定作人的要求完成工作，交付工作成果，定作人支付报酬的合同。承揽包括加工、定作、修理、复制、测试、检验等工作。"第七百八十条规定："承揽

人完成工作的，应当向定作人交付工作成果，并提交必要的技术资料和有关质量证明。定作人应当验收该工作成果。”本案的合同名为设备采购合同，实为甲公司委托乙公司特别定制机械设备，因此案件的性质属于承揽合同，本案定作人是否有权解除合同，关键在于设备是否存在严重质量问题，如果存在严重质量问题，则定作人有权解除合同并要求对方承担损失。甲公司称设备存在质量问题，一是由于设备运至甲车间之后，经乙公司多次调试生产不出6~8款常用产品，在乙公司最后一次调试过程中设备起火。那么，其一，生产不出6~8款产品，仅是甲公司工作人员的口头述称，并无乙公司确认；其二，起火没有火警的证明，仅有视频监控，该火灾是否由于设备引起有待商榷。

本案系定制设备，并无国家或行业颁布的通行标准，那么根据《民法典》第五百一十一条第一款的规定：“质量要求不明确的，按照强制性国家标准履行；没有强制性国家标准的，按照推荐性国家标准履行；没有推荐性国家标准的，按照行业标准履行；没有国家标准、行业标准的，按照通常标准或者符合合同目的的特定标准履行。”依据双方合同第二条关于质量的规定：“①技术参数、零部件产地，见乙方提供的附件、设备用途”，用于生产“汽车用废纺毛毡”，质量要求是定制全新设备，符合技术参数，保证前述“设备用途”的达成。因此，设备是否存在质量问题，需证明设备未达到的“设备用途”，对此，代理律师调取了甲公司与乙公司的往来函件，负责人员的往来短信、微信、邮件及QQ聊天记录，调取双方开会时在白板上对产品质量问题的总结、分析报告，查看并节选了火灾当天视频监控，查看了工作人员手机里的现场照片，申请参与现场调试的工程师出庭等证据，通过大量细致工作，锁定设备交付后调试长期未达标、设备起火等关键证据。印证了设备在安装之后，未调试成功且存在大量问题，并最终完全停机，而且在调试过程中发生火灾，已不符合设备安全生产标准的事实，从而让法院认定设备存在严重质量问题，判令对方承担违约责任。

二、企业如何防范合同法律风险

“合同法律风险，一是由于合同标的不明确，或理解上存在歧义，而引起法律纠纷；二是在合同履行中，未能及时掌握对方的经济状况，而失去依法维权的有利时机。”① 企业防范合同的法律风险，可以简单概括为三步。第一步，缔约之前的对方资信调查。在签订合同之前，甲公司就了解到如下事实，乙公司是一家微小型的公司，公司仅有两条生产线，厂房系租赁，没有其他资产和能力的保障，因此是在明知履行能力不足的前提下与之签订的合同，也未要求对方提供保证，未对对方履约能力提起警惕。第二步，履行合同过程中充分做好风险控制工作，注意保存证据。本案甲公司接收设备之后，配合厂家进行调试，但由于设备存在质量问题，一直未调试至正常生产标准，在此过程中，甲公司的相关负责人，一直保留与乙公司负责人交流的短信、微信、邮件记录，并多次发函要求解决问题，对 2017 年 6 月 10 日发生火灾的情况进行了视频录像，在分析和解决问题的白板之上，要求对方技术人员签名确认，对证据保存较好。因此，履行过程中要保存好证据，并且在出现问题之后，必须以书面形式通知对方，法庭一向非常重视书面通知的证据，因此，如发现不符合质量要求，原则上不得使用，否则很难要求退货或解除合同。第三步，发生纠纷之后的正确处理方式。在不能通过协商处理的情况下，要及时委托专业律师指导取证等工作，及时申请法院采取财产保全。本案发生之后，乙公司的实际控制人马上注册另外一家公司，并将乙公司的原有生产线搬至另一个工厂生产经营，虽然甲公司申请查封乙的生产线设备，但该生产线早已经搬迁至新厂区生产，没有证据证明该生产线系乙公司的财物，因此法院不能查封。该案虽然胜诉判决，但乙公司不具有履约能力，且没有担保方，对于

---

① 张兴霖：《关于企业法律风险防范的探讨》，《铁道工程企业管理》2008 年第 2 期。

当事人而言仍是“赢了官司，输了钱”，而导致“输了钱”的原因，系合同风险控制没有做好。

三、合同纠纷案件中律师应养成审视证据的习惯

“在民事案件的审理过程中，只有收集到客观真实的证据材料，案件真相才能够查明，法官才能依据事实和法律作出公正的裁决”,[①] 在合同纠纷案件中，律师需格外注意要养成审视证据的好习惯，往往决定案件胜负的就是关键证据，而证据的取得，除了当事人提供之外，还需要针对案件进行分析，对于重要的证据，必须克服困难，勤奋、努力地去收集，并且不能附和当事人对待证据的态度，要以专业态度深入审核证据，必须对事实和证据“吹毛求疵”。本案火灾就是很好的例子，当事人称设备发生了火灾，就肯定地说设备有质量问题，但火灾这个单纯的事实，必然就能认定质量问题吗？第一，火灾的事实是否证据确切，有无报火警的回执，火灾原因的认定如何？第二，发生火灾的原因是设备质量问题、操作失误还是辅料不合格？第三，火灾程度是轻微还是严重，是否足以认定设备不能使用？因此，不能想当然地认为火灾就代表质量问题，必须对火灾这一事实，深入具体的证据环节，再加以其他证据佐证。比如，甲公司就质量问题的书面通知，双方技术负责人员之间的短信、微信、邮件、视频等，形成严密的证据链，以证明火灾系设备造成的。

总之，在民事合同案件中律师更要养成审视证据的习惯，“从现代的民事诉讼理论和制度分析，在对证据的审查中不应局限于证据的客观性要求，应以能够查明事实为基础”,[②] 切忌从主观及表面简单看待事实和证据，养成审视证据的习惯是律师制胜的重要法宝。

---

① 赵艺：《民事证据收集制度探析》，河北大学硕士学位论文 2013 年 6 月。

② 安晓锋：《论民事诉讼证据审查认定制度的完善》，西南政法大学硕士学位论文，2011 年 3 月。

某单位的一项烂尾楼续建项目

——如何解决“烂尾楼”的法律症结，为烂尾项目松绑？

【案情介绍】

2017 年 8 月，经过双方多次磋商和某单位内部严格的审核程序，该单位决定委托本律师团队对其一项烂尾楼项目提供专项综合性法律服务，服务内容包括提供法律咨询，草拟法律文件，参加谈判，提起执行，提起诉讼或行政诉讼，协助办理建设和规划、竣工验收等手续，以及其他相关法律服务，自签署合同至今，双方团队一直进行紧密和高效合作，已经取得阶段性重要成果，获得项目领导的认可和赞许。以下简述相关案情。

一、项目建设和纠纷情况

1996 年 7 月 23 日，某单位与某集团公司签订《合作开发房地产合同书》。双方合作开发某市某地段的地块（用地面积约 1.3 万平方米）项目，合作方式为某单位提供建设用地（注：该地为某单位的划拨用地，需办理用地手续并缴纳土地出让金），某集团公司提供建设资金、办理建设手续、完成项目建设开发等工作，建成之后，双方对项目建筑面积按 4:6 比例分成，某单位分 4 成，并且由某集团公司组建项目公司，项目公司日常运作由某集团公司负责，其应向某单位支付 500 万元拆迁补偿费等。

某集团公司系某单位原员工张某所介绍，后在张某的操控下，某市甲公司、另一市乙公司加入上述项目，上述两公司亦实际系张某所控制的公司，1998 年 6 月 8 日某集团公司、甲公司、乙公司三个发起人设立项目公司丙公司，张某任法定代表人/经理。

1998 年 4 月某单位将上述建设用地完成拆迁并达到“三通一平”的条件之后交付给某集团公司，1998 年 9 月 14 日某单位与某集团公司签订《补充合同》，约定项目总共建六幢商住楼及一幢综合楼，六幢商住楼归某集团公司，综合楼归某单位，综合楼的面积为 1.65 万平方米，且某集团公司保证综合楼在 2000 年 12 月 30 日前交付给某单位使用，并且约定如逾期交楼，则支付经济损失费 30 万元/月（后张某代表丙公司在合同上签字，同意按此合同执行，丙公司加盖公章）。2000 年 1 月 28 日某单位、丙公司与某市国土资源和房屋管理局签订了土地出让合同，2000 年 5 月某市政府核发《土地使用权证》，使用权人为某单位、丙公司，使用面积为 10386 平方米。至 2002 年 10 月 31 日某集团公司宣称退出项目合作，并由某单位与丙公司签订《补充协议》，约定丙公司承接某集团公司的权利义务，承诺某单位分得二期的科研综合楼，某单位同意六幢商住楼确权到丙公司名下（注：在后来的争议中，某集团公司以此认定其合作开发的权利义务，已经转移给丙公司，2010 年 10 月 23 日某区人民法院亦判决某集团公司因退出合作项目，不承担责任，后该市中级人民法院维持原判。）至 2003 年 4 月至 8 月双方对科研综合楼的装修标准、交楼等问题产生严重分歧，互有致函主张权利，2003 年 10 月科研综合楼基本完工。

至 2006 年年底，丙公司已经将项目中的六幢商住楼建成并验收，由丙公司向社会全部售出，所销售的资金也均归丙公司所有，但是应交付给某单位的综合楼从 2003 年 10 月之后未再进行建设，虽然于 2006 年 9 月和 2007 年 4 月丙公司向某单位提出验收、收楼的申请，但由于该项目工程除主体完成外，内部装修、电力、消防等均未达合同标准，为此某单位并未同意其交楼的申请，同时要求其尽快按合同约定完工，但是丙公司一直以各种理由未再继续施工，直至丙公司人去楼空。其间在综合楼内遗留部分印章、文件资料，但该公司的公章仍被张某所控制，最终该楼仅完成主体工程，尚有内部装修、水电、扶梯、电梯等未完工，也未竣工验收，由于不具备使用条件未投入使用，一直“烂尾”荒芜至今，丙公司于2010年12月1日被吊销营业执照。

由于丙公司已经成为空壳且被吊销营业执照的公司，原合作方某集团公司又退出了合作开发项目，那么某单位的巨大损失由谁来承担?

二、第一次诉讼情况

2009年某单位就未能交付综合楼一案将丙公司以及某集团公司诉至某区人民法院。2010年10月23日，该案经某区人民法院作出一审“（2009）某民四初字第1024号”民事判决书，认定原合同乙方某集团公司的权利义务已由丙公司继受，判令丙公司履行合同，在判决生效之日起90天内完成综合楼的建设、验收等，并将该综合楼交付某单位使用。2010年11月30日，某市中级人民法院作出二审“（2010）某中法民五终字第3322号”民事判决书，同样认定丙公司继受某集团公司权利义务关系，维持原判。某单位曾就“（2009）某民四初字第1024号”民事判决书、“（2010）某中法民五终字第3322号”民事判决书申请强制执行，但是期间某区人民法院因丙公司没有财产可执行而中止执行。2018年某单位再次申请某区人民法院强制执行，但由于丙公司人去空楼、公司早已被吊销营业执照，致使判决无法履行，某单位权益始终未实现，而且该判决内容为交楼的责任，但未确定该楼的权属，致使某单位无法自行收楼并继续建设。

本案件要实现的主要权益，其一，是要取得该项目的继续建设权，完成建设后取得大楼权属，并投入商业运营，以尽量减少或中止损失。其二，向丙公司及其实际控制人张某，以及各股东索赔。由于丙公司已经被吊销营业执照，无任何财产可供执行，因此只能向该公司的实际控制人张某以及历任股东索赔，由于未查获重要财产线索，亦未查获其他股东的财产线索，因此索赔具有极大的难度。

三、新的诉讼策略和任务

本律师团队接受委托之后，通过认真、细致研究相关法律规定、案判，透过现象看本质，发现张某伙同上述其他股东，以某集团公司作为“诱”和“托”，以此取得某单位信任，同意合作开发，背后张某与某集团公司进行利益交易，某集团公司退出开发，由丙公司代替开发，此后又采用“移花接木”的手段，丙公司股东之间通过虚转股权、伪造某单位签章，将开发合作者的责任转移、对资产进行瓜分，最终导致丙公司成为一个空壳公司，最后逃之夭夭。因此，不能再以房地产合作纠纷来追索，承办律师认为，根据《中华人民共和国公司法》和相关司法解释的规定，可以追究丙公司高管、实际控制人和股东清算责任、股东滥用权力的责任，但上述主张也存在一定的法律障碍，即在本案中能否直接判决实际控制人、股东怠于清算责任而承担赔偿责任，虽然有理论、案例支持，但并无直接法律规定。

第一次诉讼可视为某单位从外部“强攻”，但未达目标，而第二次拟从丙公司的内部进行突破。策略分为两部分，其一是如何追究损失，责任人是谁；其二是如何实现由某单位自行收楼、自行建设，投入运营以止损。

第一方面，关于如何追索某单位经济损失的问题，该由谁来承担责任？

经查，丙公司历经五次股权转让，第五次变更登记的股东为某单位与张某，但实际上两者均不是真实股东。第四次、第五次股权变更，根本未经某单位同意，变更登记所用某单位的签章及某单位负责人的签名均系伪造［注：某市某区公安分局已作出司法鉴定，上述两次股权变更某单位的签章均系伪造。“（2009）某民四初字第1024号”民事判决书、“（2010）某中法民五终字第3322号”民事判决书、“（2010）某行初字第107号”行政判决书、“（2010）某行初字第108号”行政判决书中均有明确认定］，某区工商局据此依法撤销并恢复原工商登记状况（恢复后登记股东为某集团公司、甲公司、某单位，法定代表人为张某）。

张某一直担任丙公司总经理、法定代表人，一直全面、具体操控整个项目的运作，本案的项目建设、补充协议、股权转让等文件，均有其签名。

而某单位为了该项目能够顺利审批和建设，应丙公司的请求，挂名丙公司股东会，只是丙公司的形式股东，这也由2002年7月在丙公司召开会议的“会议纪要”中所确认，“（2009）某民四初字第1024号”民事判决书、“（2010）某中法民五终字第3322号”民事判决书对此亦有认定。故乙公司、某集团公司、甲公司作为发起人、实际股东负有清算的责任。

丙公司被吊销营业执照之后，财务账本资料却一直未公开、未审计、未清算。根据《中华人民共和国公司法》和相关司法解释的规定，丙公司被吊销营业执照之后，未依法清算，也未保管移交公司的财产、账本、文件、资料等，造成该公司无法清算和财产、资料等灭失，依据《最高人民法院关于适用〈公司法〉若干问题的规定（二）》第十八条的规定，应依法承担法律责任。经过与某单位工作小组、负责领导多次召开会议研讨，并经某单位最高所务业务会议决定，决定采纳本团队诉讼策略和建议。

第二方面，关于某单位对项目如何收楼和续建的问题。

该项目长期烂尾，对某单位造成巨大的经济损失，而立即开始收楼并自行完成建设，以交付使用，是停止损失的当务之急。在本案前期，某单位向某区人民法院申请以自己名义进行续建，并申请区人民法院裁定续建事宜，多次来回奔走某市国土资源和规划委员会、某区规划局、某区住房建设委员会等部门，希望以某单位名义办理续建手续，但一直没获得政府部门明确的处理意见。

根据以上情况和对诉求的分析，律师团队确定如下重大诉讼策略，即某单位立即向中级人民法院起诉要求丙公司实际控制人、公司股东承担清算义务的连带赔偿责任，并同案诉请判令某单位对该项目的建设权和所有权。

四、第二次诉讼的进展和成果

2018 年 9 月 21 日，某单位为维护合法权益，向某市中级人民法院正式起诉，案号为“（2018）某 01 民初 991 号”，由三位法官组成合议庭审理，立案之后，某单位向法院提起财产保全申请，法院于 2018 年 11 月 1 日作出对被告进行财产保全的民事裁定书，裁定冻结并查封被告全部共计价值 89088493 元人民币的财产（注：实际上查封到的财产仅有张某对丁公司 47% 的股权），根据法院的要求，某单位又委托公证处，对该项目建筑物现状情况进行公证的证据保全。案件于 2019 年 1 月 28 日进行了第一次证据交换，在第一次证据交换过程中，除了被告丙公司、张某、某集团公司指派律师参加之外，其他被告经法院公告送达，未答辩，亦未出庭，法院于 1 月 31 日对本案进行了公开的开庭审理，在审理过程中，法院要求某单位对该项目进行面积测绘和续建方面的评估，以测定该项目的实际建造面积。

由于本案具有近二十年的历史，而且各种法律关系错综复杂，案件审理的工作量也非常大，在法院开庭审理之前，应承办法官的要求，代理律师与承办法官就案件的事实和问题，包括诉讼请求等内容，进行了多次电话交流和庭前沟通，按照法官的要求复盘案件事实。

2019 年 9 月 13 日本案件取得阶段成果。经过某单位领导、代理律师多次与法院沟通和争取，为了避免国有资产继续流失，尽快减少损失，使某单位可以以自己名义继续将该楼完成建设工作并交付使用，某市中级人民法院先行作出裁定——“（2018）某01号初991之一”民事裁定书，裁定中认定丙公司未完成该楼建设和验收的工作义务，而对于要求收楼的判决，认为此前某区人民法院经过二审之后已经作出丙公司应交楼的生效裁决，根据“一事不再理”的原则，不宜再重复判决，根据某单位代为履行的必要性、紧迫性和可行性，裁定了该楼宇后期建设、验收工作以某单位名义依法进行，该裁定立即开始执行。该裁定生效之后，某单位立即进行了该项目继续建设和建设完成之后经营的工作，本律师团队也多次参加某单位处级、所里主管领导召开的关于以某单位名义办理施工工程的审批手续，以及该项目商业运营的招标筹备工作会议，各项工作都取得了一定进展。

【裁决结果】

本案仍在审理之中，但是中级人民法院采纳了律师的意见，于2019年8月12日作出民事裁定书，先行裁决进行续建，即裁决某单位以自己的名义对该项目进行建设，目前某单位正拟制订建设方案和建设完成之后的运营方案。

对于某区人民法院作出的“（2009）某民四初字第1024号”民事判决书、“（2010）某中法民五终字第3322号”民事判决书，其中判决丙公司于判决下达之日起90日内完成该楼的建设、验收工作，并将该楼交付某单位使用。当然该判决至今都未能完成执行，案件早已经中止执行，代理律师又于2018年2月提交了恢复强制执行的申请，启动了继续执行工作。

另外，对于办理续建手续，又遇到新的难题，目前当地政府部门对于烂尾楼续建的管理和支持，仍是多头负责、多头均不知如何处理的情况，代理律师先后咨询了国土资源和房屋管理局、自然资源和规划局、住房和建设局、国有土地使用权交易中心等部门，要求办理继续建设手续等，但由于该项目国土、规划、建设等手续均是项目公司丙公司办理的，现以某单位名义继续办理，仅凭法院先行裁定，无先例可循，也无规可依。

该项目的综合楼烂尾工程自2000年至今已20余年，某单位长期遭受国有资产重大损失，期待本案能尽快取得终审的诉讼结果，通过诉讼追究有关责任人的赔偿责任，同时，尽快办妥综合楼的收楼、续建手续，避免国有资产损失继续扩大。

【律师解读】

本案件仍在继续推进和开展中，相信续建、验收和收楼工作，将得到政府和法院的支持，能够在一至两年内完成全部工作。本案案情特别复杂、疑难，现将办案体会分享给大家，希望对大家办理类似项目，具有借鉴意义。

一、首先要充分认识“烂尾楼”案情的复杂性、高难度性

“‘烂尾楼’是指尚未完工而处于停顿状态，持续一段时间，开发商不知去向，或者项目陷入资金短缺、债务纠纷、手续不全、法律诉讼等困难而无力继续进行建设的房地产工程”。[①] “烂尾”项目一般具有历史性，由于历史的原因，而导致工程项目长期停止，无法通过正常程序将该项目盘活，且工程长期拖延，导致规划建设等手续过期失效，而项目公司又破产或被吊销营业执照，而且“烂尾”项目大多数存在诉讼纠纷、多轮司法查封、附多宗执行案件，还往往存在国土、税务、工商或环保等行政处罚等

① 王幼松、张雁、曾能万、戴伟珊：《广州市烂尾楼问题分析及对策研究》，《建筑经济》2007年第7期。

问题。值得注意的是，这种“烂尾”项目还可能存在用地、规划、建设等手续缺陷。本案项目大楼的主体工程已经完成，仅内部装修、电梯、水电及消防等没安装或达标，项目公司在争议未解决的情况下任性不管，又采取一系列“移花接木”的方式，转移真正股东和负责人，企图逃脱责任。总之，“烂尾楼”由于历史原因，形成各种复杂法律关系和利益纠结，逐渐形成难以解决的死结。所以，对任何“烂尾”项目，都要保持高度的警觉。

二、处理“烂尾楼”存在各种未知风险

律师在接受委托之前，需充分研究案件的情况，审验资料，并提示委托方充分考虑存在的诉讼风险和难度，如实告诉委托方案件的复杂性、通过诉讼解决争议的长期性，且案件除存在表面上的法律问题外，还有可能存在未知、新出现的风险或阻碍，比如未披露的债务或项目瑕疵；项目周围有机场或军事设施需要限高；项目周围存在对规划为居住小区有影响的环境问题等，需要当事人有“打攻坚战”的思想准备。

三、要认清“烂尾楼”形成的历史原因和产生的法律症结

每个“烂尾楼”形成的原因不尽相同，“‘烂尾楼’的形成最主观的原因是建设资金不足，而导致资金链断裂的原因多种多样”。[①] 比如，笔者曾代理的某大酒店项目所涉案件，该楼当时规划设计为某市的城市标志性建筑，可谓雄心勃勃。开发商老板将该项目向银行抵押贷款，贷款的用途本来是用于该大楼的建设，但该老板步伐迈得太大，以致挪用该款购买其

① 谭冉：《“烂尾楼”的成因及防范对策研究》，《建材与装饰》2018 年第 1 期。

他建设用地，而酒店建设由于资金链断裂被迫停工，造成连锁负面反应，于是银行和建筑施工方、供应商纷纷起诉并多轮查封该项目，造成长期停工无法解套，从而形成“烂尾”。还有一些烂尾项目，是因为涉及违法违规建设被行政处罚叫停，比如违章建设项目，农村土地建商品房、公寓。例如，笔者曾经办某区在无名滩涂上建设商业体育设施，后被城管叫停查封的项目案件，甚至某些案例中存在第三方因与建设项目红线交叉，或影响到相邻者权益，形成纠纷或诉讼，导致项目无法正常开工的情况。所以，在处理“烂尾楼”项目案件时，要找到形成烂尾的原因，并抽丝剥茧以理顺法律关系，找到法律症结所在，对症下药。

四、合法合规前提下，选择便捷、稳健的诉讼策略

“烂尾楼”一般体量比较大，涉及利益方众多，经济利益也比较大，在处理“烂尾楼”过程中，会不断地遇到各种困难和问题，而在解决这些问题时，常常会遇到“岔路口”，需要做出选择，如果选择错误，不仅会耽误项目推进，而且可能会造成重大的损失。本案就面临一个重大的选择题，由于项目公司营业执照已经被吊销，没有任何履约能力，而且该建设项目又在项目公司名下，按照一般的法律流程，就应由债权人申请对丙公司进行破产清算，才可将该项目裁定归属某单位，而申请破产清算通常需要漫长的时间，这无疑与急于“亮灯”“止损”的目标相冲突。而另一条路，则是直接起诉项目公司、实际操控人、项目公司发起人股东，请求法院判令由某单位以自己的名义续建项目及验收确权，并且诉请全部被告承担连带清偿赔偿责任，这可以缩短诉讼进程，但又有诉讼风险。当然，经过深入研究和审慎的决策，最后选择了一条有风险的快车道，也取得了阶段性成果，在目前看来，是做对了这道选择题。笔者认为，对于如何做这些选择题，首先要完成基础工作并遵守一些原则。根据笔者多年从业经验，总经如下实务对策：其一，必须进行法律和财务尽职调查，掌握项目

的全部资料和情况。需要注意的是，即使通过专业机构进行尽职调查，也不一定能绝对全面查清项目真实情况。其二，必须进行严格的风险控制。比如，在收购“烂尾楼”项目过程中，以资金支付方式控制收购的流程，以保护已方的利益，如定金支付、分期付款、款项银行共管、留一部分尾款，作为债务结清承诺保证金；掌握项目的实际控制权，要求提供可靠担保等。其三，合法性，这是一条铁律。特别要注意的是，在“烂尾楼”处理项目中，绝对不要碰触法律红线，进行官商勾结、行贿受贿等违法犯罪行为。因此，在烂尾楼处理中要抵制诱惑，依法依规办理案件。

五、“烂尾楼”法律关系复杂，需要一一厘清，逐个击破

“烂尾楼”不同于单一民事诉讼案件，是一个需要系统处理的综合工程，除了诉讼之外，行政（主要涉及国土、规划、建设、权属登记部门）、司法等各项法律程序问题也均有涉及。“具体的处理过程通常面临司法、行政、市场三个方面的问题。司法方面，多数工程诉讼累累、大楼查封，执行困难，给复工带来极大的障碍”，[①] 其中包括建设用地规划、工程验收、工程交付、项目公司吊销营业执照、各项建设批文证书过期失效、“烂尾楼”涉及安全质量鉴定问题，或者工程质量损坏，继续建设工程造价鉴定和评估，建设完成之后重新办理竣工验收确权等各种手续。同时，可能会遇到所在区域的控制性规划调整，建设土地性质变更的问题，或产生新的环保问题。如果有部分已经对外销售的商住项目，可能还会涉及债权和业主群体维权索赔，政府维稳，司法查封解封，拍卖执行程序等问题。在拍卖执行程序中，又会产生执行异议程序，而且会涉及项目公司土地出让金是否缴足，应负税赋交纳等行政处罚问题。除以上列述的问题外，因项目不同，可能还会产生其他问题，比如在收购过程中，新发现实

① 古文：《浅谈城市烂尾楼产生原因及对策》，《四川水泥》2016 年第 3 期。

际控制人或大股东私人的外债，产生诉讼导致项目重新被查封问题。处理“烂尾楼”项目，需要强有力的执行团队。单个律师可代理单个民商事案件，处理像“烂尾楼”这种综合性专项事务时，必须团队作战，这不仅是律师人数的问题，更重要的是形成团队的智慧，听取不同的意见，防止走偏路、走歪路。还要与客户及相关部门，比如法务部门、财务部门、行政部门、资产处置部门、建设部门等组成工作组，及时沟通、互相配合，共同策划执行合法、快速、有效的方案。

最后，“烂尾楼”既是经济问题，又是社会问题，不仅影响市容市貌，对城市规划建设造成影响，更重要的是损害了众多债权人利益，对经济发展也产生较大的负面影响。处理“烂尾楼”也是摆在各级政府面前的一项工作任务，因此，在处理“烂尾楼”项目之时，一定要及时与司法部门、政府部门进行沟通，取得政府和政策的支持，遇到困难或单个行政部门无法处理的问题时，可以申请主管政府召开各部门联席会议协商，协同共同推进，使问题得以落实解决。

日本JFE钢铁株式会社收购某有限公司股权项目

——跨国并购如何在维护中方权益的基础上，顺利促成交易？

【项目介绍】

2019年6月某钢铁集团有限公司（以下简称“集团公司”）下属的子公司甲股份公司（以下简称“甲公司”），就其与日本JFE钢铁株式会社（以下简称“JFE”）股权收购和技术输入项目（JFE技术援助合同）的中方整体法律服务项目，主要内容为甲公司拟转让持有的某有限公司50%股权，日方对中方进行技术输出等，对股权转让涉及的合规审查及经营者集中反垄断申报等法律服务，2019年7月29日向本律师团队发出投标的邀请函。

针对这宗标的额巨大的中日跨国交易并购案，本律师团队组织本所日本部专家团队的精干律师、国际法业务部骨干律师，以及国内公司法专家、交易并购师，组成本项目的法律服务团投标。经过激烈地角逐，本律师团队最终中标该项目。

【项目服务】

中标之后，双方于2019年8月18日签订《专项法律服务合同书》，合同约定对三个方面提供法律服务：①交易合同的法律审查；②经营者集中反垄断审查；③与本项目有关的法律咨询。为专业、精益、高效地提供服务，响应委托方对工作高效率、高标准的国际化需求，根据中标的承诺，指派日本法律专家、国际法法学博士、国内并购专家等工作人员组成项目组。

对于第一阶段的工作，就是对中日双方的交易合同、附件进行谈判、审核、修改，以及提供法律建议等工作，因为甲公司与日本公司要求时间的紧迫，工作步骤需全部加快完成，本项资产交易的合同，包括交易主合同三份，有《某有限公司合资合同》《某市产权交易补充合同》《某市产权交易合同》，以及本项交易的附加合同13份：①专利授权许可合同——包括JFE合资公司、SG合资公司两个合同；②国有土地租赁合同；③能源供应合同；④钢坯委托加工合同；⑤SG向合资公司供坯合同；⑥房屋租赁合同；⑦注册用合资合同、资源服务合同等。对于上述主交易合同、附加合同，均需要专家团队迅速对全部的合同文本内容进行深入理解并研究对策，而且对全部合同中日文意思表达一致性进行审核，更重要的是还要对合同中日文条款与中日法律的符合性进行审核，最后还需要对合同重要条款提供书面初步审核意见和法律建议。因此，除了需要对中日公司法、对并购的法律专业性强大的支持之外，还需要合同的中日语言校对审验工作，另外，还需要参与中日律师沟通谈判，工作量巨大。

为迅速完成工作，本团队组织团队专家、律师日夜加班进行审核，除了中文审核之外，还要根据日本法律审核，而且要中日文进行对照一致，工作量巨大，其中律师团队的吴律师、陈律师，日语翻译团队成员数周加班加点，表现了高度的组织性和强大战斗力。经过第一次全面审核之后，2019年8月中旬甲公司的法务部及相关领导来到本律师事务所，就交易合同版本修改的法律意见进行交流和沟通，在取得一致意见之后，批示律师尽快修改。后甲公司的相关部门领导又多次前往本所就日方和日方律师反馈的问题进行沟通和修改。8月28日起本团队律师数次前往甲公司，听取交易合同和附件合同对应每个部门的领导意见，沟通谈判内容，并解释对应的法律规定和意见，因为每次修改之后，都要将意见反馈给日方。这种来回“拉锯式”谈判所产生的不仅是中日双方的权益问题，而且涉及双方对中日法律、文化的理解和接受问题，比如在谈判过程中，就钢坯的“坯”字，双方对中日文的理解就发生了争议，如在双方签署的合同版本语言适用中文还是日文，双方亦不接受英文版本作为最终标准，最后决定中、日文平等作为最终适用语言。对于适用争议解决的方式，也经过多次针锋相对的谈判，最后确定由第三国新加坡进行仲裁处理。另外，在对附件合同的审议中，双方出现了较大的争议，如在供电供水合同中，因维修引起的断电、断水，需要提前几日书面通知等合同细节，合资公司租赁的甲公司厂房和租赁期限及保障等，都是日方关注的细节问题，这些都需要在谈判中解决，需要保障中方权益，又要顾及日方考虑，才能保障合同顺利签署。经过律师团队辛勤、高效的努力，也得到委托方各部门的大力支持，经过两个月的高强度工作，律师团队圆满完成了第一阶段工作，双方最终确定了交易主合同、附件合同的全部文本，并于2019年10月在某证券交易所公告并拟转让股权事宜。2019年11月26日中日双方签署产权交易合同，本次产权交易标的高达人民币6.89亿元，实现了中日两方双赢局面。

对于第二阶段的工作——反垄断审查的办理。“自2008年8月1日《中华人民共和国反垄断法》实施以来，我国反垄断执法进入了新常态，反垄断执行行为及程序更为规范化”。[①] 作为本次交易的重要环节之一，JFE收购股权案的经营者集中申报工作，由中方代日方委托本律师团队向中国国家反垄断部门提出审查，由日本方面提供配合。考虑本次交易的国际性、交易规模、业务范围等方面，本团队提前开展了对反垄断工作进行的调查分析、资料收集，并向甲公司和JFE提供了本次交易反垄断的法律意见，认为本次交易并不违反中国反垄断相关的法律法规，有利于中国获得先进进口技术，以及利用先进技术在国内进行特殊钢材生产制造，JFE

---

① 张觉：《企业应积极配合反垄断执法调查避免领到不必要的罚单》，《中国对外贸易》2017年第7期。

作为集中者对中国市场未形成垄断，未违反中国相关法律法规，并且从反垄断法角度为本次交易所涉及的交易条款设计、经营者集中申报[①]、第三方意见应对等反垄断事务，向客户提供了中日文详细的专业法律咨询，以及反垄断申请材料的筹划、申报执行等服务。

受日本方面委托，本团队前往北京向反垄断调查局递交申请反垄断调查的材料，并接受相关部门的询问，以及根据反垄断部门的要求，及时补充递交大量的材料，最终成功于2020年2月10日取得《经营者集中反垄断审查产案通知书》（反垄断立案〔2020〕第39号），在本次经营者集中申报过程中，项目组通过对集中方的业务情况、特殊钢材的产品领域、在中国境内销售区域以及业务合作关系（包括横向重叠关系、纵向关系、相邻市场）等进行仔细调查分析，对本次集中的相关特殊钢材市场（包括产品市场与地域市场）进行准确界定；通过对中国特钢棒材市场进行调研，充分收集特钢市场的各项数据，对本次集中对相关市场竞争状况的影响作出充分有力的论述，所提出的申报方案及竞争分析，获得交易双方和市场监督管理总局反垄断局的支持和认可。2020年2月20日国家市场监督管理总局反垄断局出具《不实施进一步审查决定书》（反垄断审查决定〔2020〕64号），正式批准本次经营者对集中的实施。至此，本团队项目组成功助力甲公司、JFE顺利完成本次交易反垄断审查申报工作，为甲公司提高竞争力和实现特钢体系的突破发展贡献了重要力量。

【律师解读】

本次股权交易，其目的是引进日本先进的特殊钢铁制造技术。在特殊钢材的制造方面，中国国内的技术还落后于日本、欧美等发达国家和地区，当今中国正在进行规模宏大的各领域建设，比如高铁、港珠澳大桥，以及国防航空母舰、太空领域，都离不开特殊钢材。中国虽已成为钢铁大

---

① 胡健：《反垄断法中“经营者集中”的立法解读》，《安徽大学法律评论》2008年第1期。

国，但并非钢铁强国。为了改变这一局面，甲公司经过与日本方面的多次交流和谈判，达成了日本向中方输出技术，中方向日方转让公司50%股权的协议。本项目团队对本次交易的顺利达成亦作出重要支持和贡献。从本次服务经验来看，跨国并购业务需要注意以下三个方面。

一、平等处理国际交易谈判的问题

国家主权平等，体现在合作贸易往来上，也体现在权益的平等上。因此在谈判桌上时刻要把握这一基本原则，如果签订了不平等条约，不仅会涉及权益是否有损的争议，而且会涉及国格平等的民族纷争，甚至可能造成严重的政治问题。因此本次交易中股权交易的比例是50%，在技术引进公司，中方和日方各持50%股权，对于技术交流输出，中日双方也是平等对待。双方输出，即日方向中方输出技术，中方也向日方输出技术，甚至在交易合同的适用语言方面，都以中、日文平等适用作为合同语言，各个方面都体现了双方此次交易的平等性。

二、涉外谈判以促成谈判为目标，坚持原则的同时兼具灵活性

既要保持平等的原则，还要保持灵活的谈判技巧，以促成谈判成功为目的，假如固执地坚持所谓的表面平等，自始至终保持强势姿态，或者夹杂民族历史情绪，则极有可能导致合作的“流产”，这会对企业，甚至国家造成重大的损失。比如本次关于交易合同文本以哪种语言为准的问题，出现争议哪国仲裁的问题，最后通过多次谈判，最终决定以中、日文均为标准对照语言、出现争议由第三国仲裁处理。双方都是在坚持原则之下，又相互作出了一定的妥协，灵活处理了合同关系。

三、需要高技术专业团队作战、密切配合

本律师团队能够成功中标，并且高效圆满完成工作任务，主要原因是迅速组成了顶尖的法学专家，本项目除涉及跨国并购的法律专业之外，还有中、日文的法律专业翻译工作和两国相关的法律禁止性规定，国际贸易限制性规定，反垄断调查等。比如，本项目的反垄断审查申报工作专业性极强，涉及大量的行业数据、财务数据，相关市场的界定、国际竞争影响分析等。因此本团队组织了具有博士、硕士、日本国律师执行证书的日本国法律专家，以及具有博士学位的国际法专家，国内公司法专家、并购师的主办律师的团队,① 亦有大量辅助律师的工作人员。在这种强大的专业团队，以及高效的组织和负责的工作态度的基础上，才能取得成功，获得委托方和谈判对手的高度认可和赞许。

综上所述，本次跨国股权并购业务，取得了丰硕的成果，实现了中日双赢的局面，中方获得了日本的技术、日本的管理团队，也获得日本的股权资金，日方获得合资公司50%股权，也拓展了中国内地市场，利用了中国渠道资源拓展全球的市场。本次交易对中国钢铁制造业的发展具有十分重要的意义。

---

① 本项目负责律师：陈伟雄，日本成城大学大学院法学博士，日本外国法事务律师资格；国际法专家杨超男博士，德国自由大学法学博士；公司法专家蒋修贤律师，客座教授、中国交易并购师。

陈某执行异议纠纷案

——从一宗执行案件，探讨执行异议程序的复杂性，在多种权利救济程序交织下，如何做最优决策？

【案情介绍】

（一）本案的案情发展情况

2007年3月陈某向甲市某实业有限公司（以下简称“实业公司”）购买案涉土地，并付清购买价款，实业公司亦将《国有土地使用权》原件交付给陈某。2007年5月乙市国土资源局（以下简称“乙市国土局”）发出统一征收陆城行政新区土地的通告，该地块恰处于乙市新行政区的建设用地的规划范围内，因此未能办理过户，案涉土地也一直登记在实业公司名下，土地未进行开发建设。2018年7月陈某突然惊闻案涉土地权属凭证被公告注销，经进一步了解，实业公司因借款纠纷被丙市某区人民法院（以下简称“区法院”）判决向丙市某贸易有限公司偿还欠款，判决生效后区法院遂委托乙市人民法院（以下简称“乙市中院”）强制拍卖案涉土地，并由案外人郑某竞买成功，但乙市中院在办理土地过户登记手续时，因无法提供《国有土地使用权》原件，遂函告乙市国土资源局通过公告注销该《国有土地使用权》，陈某在得知上述事由之后，立即向乙市国土局、乙市中院、区法院、乙市人民法院执行局等相关部门发出书面异议的申请，要求暂停过户，却未得到任何回信。

案情比较紧急，客户心急如焚，本团队律师接受委托之后，连夜召开团队会议研究案件和相关法律规定，群策群力商讨对策，本案案情错综复杂，且程序上已经相当不利，办案策略宜急求停止过户，缓图土地权属。具体思路是首先寻找精准法律程序以暂停土地过户，然后再通过执行异议程序和其他诉讼程序，申请确认陈某对案涉土地的实体权属。本团队律师指出，陈某应立即向乙法院的上一级——甲市中级人民法院（以下简称“甲市中院”）提出执行监督的申请，请求上级法院督促乙市国土局暂停过户，并且督促陆丰法院立案。

（二）案件办理过程和要点

1. 全面摸查案情，反复论证方案

接受委托之后，首先，团队主办律师多次前往客户办公楼，仔细询问案情。比如陈某当年筹办购买事宜、与对方接洽、办理付款转账、保管权属文件原件的情况等，边研究情况、考究具体细节，边提炼和总结关键要点。其次，主办律师查阅了交易文件、往来函件、证书资料等已有资料，对于不清的事实记录在案，以便调查核实，安排落实具体证据收集工作，如购地之后进行围蔽、管理、出租等实际管理行为，以证实陈某购买后已经实际占有并使用涉案地块，对于认定权属归陈某十分重要。再次，主办律师多次走访相关人员、现场查勘涉案土地，收集证人证言、审阅现场照片，土地测绘文件等。最后，对于案件适用的民诉法规定、执行异议司法解释、案件争议焦点、申请法庭取证等问题进行深入研究。

为此，本律师团队多次开会讨论，分析案情，并收集最高人民法院执行局、该省执行局相关的法规、司法解释和案例，以及最高人民法院权威法官主编的司法解释的解读和适用书籍，不断修订、完善诉讼文书。例如，仅向法院递交的异议申请书和监督申请书的页数，就超过普通申请书的十倍多，提交的证据多达 23 组，整套异议材料和监督资料，四易稿件，

方才定稿。

2. 执行异议成功受理、拍卖土地暂停过户

承办律师向乙市中院递交了执行异议文件，并依据法律规定，据理向立案法官提出尽快、依法受理案件的诉求，同时甲市中院也收到了律师提交的申请监督资料。2018 年 8 月 2 日甲市中院认为该案执行确有重大疑点，立即作出《立案通知书》“（2018）某 15 执监 5 号”，并当日直接向乙市国土资源局发出《关于申请执行人某市某贸易有限公司与被执行人甲市某实业有限公司一案暂缓执行的函》，并致函国土资源局停止办理该土地过户，令其不得执行乙市法院关于继续过户的司法协助文件，暂停三个月等待司法决定。紧接着，甲市中院致函乙市中院，督促其正式审查陈某的执行异议案件。最终，2018 年 8 月 20 日乙市中院向陈某送达《受理通知书》，受理陈某的执行异议申请，并裁定国土局暂停过户一年。本律师团队对阻止竞买人过户的努力，取得了阶段性成果。

3. 争取法院举行听证程序，展示确权证据和维权决心

2018 年 9 月 27 日乙市中院举行执行异议听证，各方诉讼参与人均指派律师参加听证会。在听证会上，本律师团队明确指出执行所依据的判决，涉嫌串通虚假诉讼，侵害陈某合法权益，并突出强调在拍卖过程中评估机构的重大违法行为——擅自拟定影响土地交易价格的土地容积率、住宅与商业占比等关键性建设要素，又无故将评估价减低达 50%。并且承办律师提交了陈某实际占有、管理土地的事实，如在土地上种植、委托乙市国土资源局测绘等证据，又申请了三位证人出庭作证。听证会上诉讼各方争议较大、辩论激烈，但承办律师凭借对案情的全面清晰把握，对法律透彻分析和解读，赢得了对手甚至法官的赞誉。听证之后，根据听证程序中查明的情况和案件集点，团队律师又撰写书面代理意见，在听取当事人的意见后，进行了多次修改方才提交。

听证会上出现的“秉烛夜审”情景值得一提，当日听证从清晨九点一直持续到晚上九点，由于案情复杂、双方针锋相对，法官亦高度认真负责，案审一直持续至夜晚，法庭内灯火通明，工作繁忙，气氛紧张、人们各司其职，该情节充分展现了法官高度负责的职业态度和专业精神。

【裁决结果】

本案一直面临严峻复杂的困境。因为执行部门已经要求房管部门直接过户给竞买人，文件已经送达房管部门。甚至，在法院执行部门已经知悉陈某向房管局提出异议之后，仍坚持要求房管部门继续过户。并且陈某已多次向法院提出书面异议，法院一直不予答复。因此，要立即叫停过户绝非易事。经过律师及各方努力，2018 年 10 月 10 乙市中院终于作出《执行裁定书》“（2018）某 1581 执异 2 号”案，停止办理该宗土地权属登记一年。这也是本团队准确预判，精准选择合适救济程序，据理力争，最终促使法院受理执行异议的成果。

本案于 2019 年 3 月 13 日作出《执行裁定书》（〔2018〕某 1581 执异 2 号案之一），依据《关于人民法院办理执行异议和复议案件若干问题的规定》第六条的规定：“当事人、利害关系人依照民事诉讼法第二百二十五条规定提出异议的，应当在执行程序终结之前提出，但对终结执行措施提出异议的除外。案外人依照民事诉讼法第二百二十七条规定提出异议的，应当在异议指向的执行标的执行终结之前提出；执行标的由当事人受让的，应当在执行程序终结之前提出。”认为法院于 2018 年 3 月 28 日已向乙市国土资源局送达成交确认裁定和协助过户通知书，涉案土地已经执行终结，而申请人至 2018 年 7 月才对涉案土地提出执行异议，系在执行终结之后提出，予以驳回。后申请人又向乙市中院提出复议，指出执行终结须满足执行标的权属变更登记完成，本案土地过户未完成，依据最高人民法院权威人士解读，执行标的权属变更登记尚未完成，不能认定为执行终结。① 但甲市中院于2019年5月6日作出《执行裁定书》，仍维持原裁定。至此本案虽因程序性的问题——法院认定“执行程序已经终结”，导致执行异议在程序上未通过，但是本律师团队做出的工作、付出的努力，认真的工作态度和负责专业精神，赢得了当事人的高度认可和信任。本案维权仍在路上，本团队继续帮助客户通过其他法律途径和方式，维护其合法权益。

【律师解读】

代理每一宗诉讼案件，就好像面对一场战役，律师既是指挥员又是上阵的战士，追求胜利是每一位指战员的终极目标，但胜负乃兵家常事，我们要有能预估并坦然接受困难局面的心理准备。案件中面对紧迫、被动的情形局面，律师必须仔细分析案情，准确选择合理的、最优的救济途径，这不仅需要娴熟掌握法律业务知识，更需要饱具丰富的实践经验。现分享如下办案经验。

一、办理重大疑难案件，精妙要点常在细微之处

正所谓精细之处更显美妙，如英国诗人西格夫里·萨松在《于我，过去、现在以及未来》中的经典诗句：“In me the tiger sniffs the rose”即“心有猛虎，细嗅蔷薇”。复杂案件的法律关系，更要细心梳理细微的案件焦点。

---

① 沈德咏主编、最高人民法院修改后民事诉讼法贯彻实施工作领导小组编著《最高人民法院民事诉讼法司法解释理解与适用》（人民法院出版社2015年版，第1241页）“通过司法拍卖处分财产情况下，拍卖成交裁定作出后，权属变更登记完成前，执行程序尚未结束。此时尚需执行法院出具协助执行通知来办理权属变更登记，此时案外人就拍卖财产提出异议的，执行法院应予以审查。如发现案外人系真实权利人，执行法院可以在衡量各方利益的基础上，撤销拍卖，以保持当事人的权利平衡。”

本案其实归结于一个精细焦点争议——“执行标的执行终结”界定标准，是以协助执行通知书送达为终结，还是变更权属登记为终结的问题。

“人民法院将拍卖成交的公告交达第三人或房管局”，视为执行标的的执行程序终结，还是以“执行标的的权属变更登记完成”为执行标的执行终结，这是本案的核心焦点问题。《最高人民法院关于人民法院办理执行异议和复议案件若干问题的规定》第六条第二款规定：“案外人依照民事诉讼法第二百二十七条之规定提出异议的，应当在异议指向的执行标的执行终结之前提出。”但关于“执行标的执行终结”的时点判断，也有不同的观点。例如“这里所指的执行标的执行程序终结之前，是指人民法院处分执行标的所需履行的法定手续全部完成之前”。[①] 其意指协助执行通知送达协助机关，即实现了执行标的权利转移的效果。而正是上述细微争议，决定了裁判结果。

二、作出最优的决策——达到峰回路转、柳暗花明的效果

案件中法律关系的复杂性，也反映了解决案件的方式有多种选择，正义维权的路上，布满荆棘，充满着未知，但有一条准则，就是千万不要一条路走到黑，要适时调整路线和诉讼心态。

涉诉的案件，每个当事人基于不同的利益诉求，从不同的角度看待案件，“横看成岭侧成峰”，得出的结论是不一样的，而律师要当一名超脱者，才能公正、冷静地认清案件。

律师要做好当事人的军师，出谋划策要基于公正、理性原则，切忌把自己当成当事人，应建议当事人选择合理的法律救济途径，理性维权，准确选择法律武器，适时调整维权策略和期望值。

---

① 刘贵祥、范向阳：《〈关于人民法院办理执行异议和复议案件若干问题的规定〉的理解与适用》，《人民司法》2015 年第 11 期。

三、律师娴熟掌握专业知识乃办案之基石

律师要具有专业性，专业化是中国律师的必经之路。本案涉及两个重要法律业务，其专业性都比较强。其一，诉讼案件中执行异议程序；其二，土地法律业务。要驾驭这类专业性、复合性较强的案件，办案律师必须具有扎实的土地专业知识和丰富的诉讼经验，尤其是要对执行程序法律业务非常熟练。当然，值得一提的是，专业性不是律师自己一厢情愿的认定，也不是靠律师品牌的市场营销可以做到的，而是在办理大量相同或类似专业案件的过程中，广泛获取专业知识和积累丰富办案经验，并且拥有一定的市场客户和知名度的基础上，水到渠成的必然结果。本案是诉讼执行案件与土地交易案件的结合，专业性较强，虽然因程序性瑕疵导致案件未获得支持，但是承办律师对案件具有的专业能力和负责态度，备受当事人和承办法官的认同。

论 文 篇

当前土地改革背景下农村土地开发法律风险及防范

摘　要：在中国现有土地制度下，依据土地的权属可将建设用地分为国有建设用地和农村集体建设用地，国家实行城乡二元土地制度，城市建设用地可以在市场中自由流转，但是集体建设用地几乎禁止流转。[①] 自党的十九大以来，党和国家明确提“特色小镇”“美丽乡村”等乡村振兴战略，推动农村集体建设用地改革，支持农村经营性建设土地流转入市，支持集体建设用地建设租赁公寓，并且农村土地制度的基石——宅基地使用制度、承包经营权制度的改革也破冰前行，在此背景下对农村建设用地（以下简称“农村土地”或“集体土地”）进行开发，蕴含巨大商机，同时也存在巨大风险。笔者结合当前农村土地开发的多种模式，分析法律风险并建议防范措施。

关键词：土地改革　农村土地　集体建设用地流转　法律风险

第一节　当前土地制度改革趋势

“乡村振兴”是新时期党和国家的重要改革举措，“土地问题无疑是当前中国农村最基础、最广泛，也是最为复杂和棘手的经济社会问题，而土

① 巩乐乐：《农村集体建设用地流转的法律问题研究》，黑龙江大学硕士学位论文 2017 年 3 月。

地制度则是一切土地问题的缘起和总根源。”① 当前新一轮的土地制度改革，主要围绕农村土地的流转展开，核心问题是要激活农村建设用地的平等入市流转。

2019年1月4日全国人大常委会公布《〈中华人民共和国土地管理法〉〈中华人民共和国城市房地产管理法〉修正案（草案)》，在全面总结农村土地制度改革三项试点经验的基础上，落实党的十九大精神和中央有关政策文件，将依法经过试点、各方面认识比较一致的土地征收、集体经营性建设用地入市、宅基地管理方面的制度创新经验及时上升为法律制度；对经过实践检验比较成熟的永久基本农田保护、土地督察等制度通过法律予以明确；同时，为“多规合一”、国土空间规划体系建设等预留法律空间。

2018年中央一号文件提出，完善农民闲置宅基地和闲置农房政策，探索宅基地所有权、资格权、使用权“三权分置”，落实宅基地集体所有权，保障宅基地农户资格权和农民房屋财产权，适度放活宅基地和农民房屋使用权。实行“三权分置”，有效破解了宅基地流转一律限定在集体经济组织内部的制度障碍，农户在更大范围内流转宅基地，收益将显著增加，流转动力和活力将全面激发。② 2018年2月农业部（现为农业与农村部）又颁发《2018年农村经营管理工作要点》，强调首要任务是加强土地流转服务工作。地方政府也在加大落实中央改革政策，2018年3月29日广州市发布了《关于加强土地管理的实施意见》，鼓励利用土地进行“美丽乡村建设”。

新修订的《中华人民共和国农村土地承包法》于2019年1月1日起开始施行，该法规定了土地承包权依法可以流转，这标志着农村土地承包权的“三权分置”制度确定，即集体所有权、承包经营权以及土地经营权的分离，那么，随着农村建设用地入市流转的逐步激活，农村建设用地开

---

① 齐蘅、吴玲：《中国农村土地制度变迁的历史溯源与现实观照》，《吉首大学学报》2017年第3期。

② 陈振、罗遥、欧明豪：《宅基地“三权分置”：基本内涵、功能价值与实现路径》，《农村经济》2018年第11期。

发和利用，无疑也成为市场投资的一片热土。

第二节　农村土地开发的多生态与法律风险

农村集体建设用地（以下简称“农村土地”或“集体土地”），分为经营性建设用地、公益性建设用地、宅基地三种类型。农村经营性建设用地，是指除宅基地、集体公益事业建设用地外，凡符合土地利用总体规划、依法取得并已经确权为经营性的集体建设用地，包括工业（仓储）、商业、旅游、娱乐、办公以及其他非住宅用途的建设用地，其中村集体经济自留地，是集体建设用地的重要组成部分，留用地是指国家征收农村集体土地后，按实际征收土地面积的一定比例，作为征地安置另行安排给被征地农村集体经济组织用于长期发展生产的建设用地，具有经济保障性质。“集体经济发展用地的收益是广州各村集体经济的重要来源”。[①] 在国有建设用地规模日益缩小的情况下，高效开发和利用集体建设用地，乘着集体土地政策松动的“东风”，土地市场开始把目光聚焦在农村土地开发上，在集体土地开发“江湖”中，有传统合法的“正规军”，有改革突破的“生力军”，也有在“灰色地带”上野蛮生长的“非正规军”，总之，在集体建设用地市场的“生态森林”中，各有各的套路和玩法，丰厚利益和巨大的法律风险并存。

（一）集体土地开发市场的“正规军”

模式一：集体土地合法“出让、转让”

1. 操作模式

“出让”是指通过合法的土地流转途径，即通过集体民主表决、公

① 陈嘉平：《村庄集体经济发展用地的合理开发与高效利用——基于广州的研究》，《农村经济与科技》2018 年第 11 期。

开竞拍程序，将集体土地出让投资者。“转让”是指土地使用权人再次将土地转让给其他投资者，将集体土地使用权证办理至受让者名下，按规划用途和合同约定进行投资建设、运营，集体开发的物业，这种方式取得的用地，首先不能从事商品房开发和销售，可以自建自营、合营或出租用于商业和工业等用途。以佛山国际家居博览城项目为例，该项目土地为禅城区塘头村、沙岗村集体土地，依法通过土地流转的形式，开发商获得土地使用权 40 年，对土地及其新建商业物业经营 40 年后，无偿移交村集体，该项目现已成为世界单体面积最大的家居商场，2014 年被评为国家级 4A 旅游景区，获得“最具实力家居国际会展中心”等奖项。

2. 法律风险

集体建设用地不得从事商品房的开发，2018 年 7 月 27 日广州市政府颁布《关于进一步加强征收农村集体土地留用地管理的意见》，明令禁止农村集体土地留用地用于商品住宅的开发，“开发商以及任何单位或个人均不得自行同乡、村一级组织或个人、农村集体经济组织合作在农村集体土地上进行任何形式的商品房或以‘大棚房’‘生态园’‘科技园’等名义开发‘小产权房’或‘地产房’建设”。[①] 相对而言，通过上述模式获得土地，是比较“干净”的、风险较少，但是也会存在以下主要风险，比如，土地权属争议、存在抵押或债务纠纷或历史争议问题；村民民主表决和农村集体资产公开交易的程序存在问题；规划失效、用地审批手续过期或无建设用地指标，以及村民纠纷等问题。

模式二：“租赁”与“合作开发”模式

1. 操作模式

佛山禅城区下朗村国际食品商贸中心项目，下朗村整合经济社土地物

① 贾广葆：《土地流转若干概念的分析与界定》，《上海房地》2016 年第 10 期。

业，租赁给承租人20年，双方约定物业档次、建设规模，由承租人负责出资拆迁旧物业、建设新物业并经营，租赁期满后全部归村集体。在“出租”开发模式下，村集体与开发商合作，由开发商利用集体建设用地，投资建设商业物业，村集体向开发商按时收租，村集体分配的物业也可再返租给开发商进行经营。“合作开发”主要是指村集体出地，投资者出资，双方签订协议或组建合资公司，对土地进行投资开发，开发完成之后，双方按协议比例分配物业的使用权，投资方分配物业到期之后，则物业自动由村集体收回。

2. 法律风险

出租或合作开发模式存在的风险，主要体现在土地权属是否明确，规划建设用地指标等手续是否完备，是否可通过村民表决、公开竞标程序。例如交易资产，是否产属清晰干净，是否存在抵押、司法查封等纠纷；交易资产是否可以通过村集体民主表决程序，是否通过农村三资平台（笔者曾代理的番禺某村土地合作开发项目因未通过村民表决程序，导致合作失败）；规划报建是否具备开发建设的条件；对于开发商来讲，20年租期不够长，无法收回投资回报，续期的合法性问题等。例如，广州市某区某集体土地“租赁”开发项目，采用20年租期到期后自动续约的形式延长租赁期限，市场上也有采用双合同、阴阳合同、共同建房等方式以规避法律上关于超过20年租期无效的限制，但都存在法律风险。

（二）土地改革中的“生力军”：集体土地建设公寓试点、宅基地改革

模式一：集体土地建设公寓

2017年8月28日国土资源部（现为自然资源部）和住房城乡建设部印发《利用集体建设用地建设租赁住房试点方案》，广东省的广州、佛山、肇庆三个城市成为全国首批利用集体建设用地建设租赁住房试点城市，这

种模式是“集体土地建设公寓”试点政策，参与这种模式须符合政策导向，取得当地政府和村集体的支持。由于属于试点政策，审批程序过于复杂，政策尚不稳定，但对于首批进入该领域的投资者而言，如能把握机会、熟悉政策，将取得市场的优势地位和资源。按照相关政策要求，政府委托单位、村集体、企业等主体可参与利用集体建设用地建设运营租赁住房，村集体申请试点的土地，须符合土地利用总体规划、城乡规划和村镇规划，须在经依法批准的集体建设用地上建设，以存量建设用地为主，不得占用耕地。程序上，基本上需要经村集体自愿表决通过，向区政府申请纳入利用集体建设用地建设租赁住房试点。

模式二：宅基地改革

《中共中央、国务院关于实施乡村振兴战略的意见》明确提出：“完善农民闲置宅基地和闲置农房政策，探索宅基地所有权、资格权、使用权‘三权分置’，落实宅基地集体所有权，保障宅基地农户资格权和农民房屋财产权，适度放活宅基地和农民房屋使用权。”对于宅基地的改革，2015年1月，中共中央办公厅和国务院办公厅联合印发《关于农村土地征收、集体经营性建设用地入市、宅基地制度改革试点工作的意见》，“宅基地制度作为农村土地制度的基础与核心，既是有效破解“三农”问题的主要抓手和重要平台，又是深入落实乡村振兴战略的关键制度供给”。① 广东省在推行宅基地有偿使用、有偿退出的改革尝试，其他省份，如河南省已经推出了有偿退出后、整理成片建设村民公寓的模式。第三产业比较发达的地区，原则上或不再进行单宗分散的宅基地分配，而是通过集中建设农村公寓、农民住宅小区，落实一户一宅。开发模式：由村集体出资购买、回购农民的宅基地，并且统一规划成片开发，开发商可以参与出资共建，用于出租或经营使用。

---

① 严金明、迪力沙提、夏方舟：《乡村振兴战略实施与宅基地“三权分置”改革的深化》，《改革》2019年第1期。

（三）集体土地开发市场中的"非正规军"

模式一：集体土地上合法建设写字楼、公寓等商业物业，以"长租代售"方式分割转让的模式

主要操作方法，将集体土地上合法报建、验收合格的楼层物业分割成酒店或公寓项目，然后以"长租"形式，转让给租产，向客户一次性收取20年或更长的租金和房屋装修费用，这种形式在市场上称为"长租代售"；或者开发商不向租户交房，而是返租给开发商或关联公司做长租或酒店。这种模式"不交房"，仅签订一纸租赁协议和回报协议，无产权登记的依托，一次性向客户收租后，再逐月支付利息或投资回报，涉嫌存在非法集资嫌疑，并且这种模式中"长租代售"存在较大的法律风险，已被明令禁止。

模式二：在集体用地上建设"三无"物业或小产权房

某些村集体或当地政府基于"以地生财""以地招商"的思想，"擅自表态或默认企业违规用地，使得新增集体建设用地违法现象不断并有逐年增加的趋势"① 这一非法现象表现在集体用地或物业利用的"三无物业"，即无规划、无报建、无验收的物业，进行装修改造成"公寓"出租或长租。这种侥幸投机行为，即便不被拆除，也存在巨大的法律风险，甚至存在刑事责任风险，如出现火灾、坍塌等安全事故，责任人须承担刑事责任。建设的小产权房，是指村或镇要向购买者颁发村或镇出具的房屋权属证明，从法律属性上讲小产权房是非法建筑，不得交易。

总之，除了上述模式之外，还有多种集体土地"灰色"的开发活动，打法律擦边球、走灰色地带，不仅其与村集体合作协议内容、程序合法性受到质疑，而且其利用或开发物业，采用"长租代售""返租回购""众筹"等形式，均存在非法的问题，亦有可能演变为非法集资、非法吸引公众存款等犯罪行为，这需要引起市场投资者、公众、村集体及政府的高度重视和警惕。

---

① 亓月、尚晓：《农村建设用地管理现状及对策》，《现代农业科技》2013年第16期。

第三节 农村土地开发的法律风险防范

按照《中华人民共和国土地管理法》及相关法律规定，农村建设用地有多种流转方式，包括出让、出租、转让、转租及抵押的方式，在流转之后用途的规定方面，须按建设用地的规划，按批准的用途利用土地，符合村流转合同的约定，严禁用于商品房房地产项目和住宅建设。当前农村集体建设用地流转的改革试点，“试点区域在符合规划、用途管制和依法取得的前提下，允许存量农村集体经营性建设用地使用权出让、租赁、入股，实行与国有建设用地使用权同等入市、同权同价”。[①] 当前流转市场体系非常不成熟，各地政策和试点程度不一，法律政策和执法都不稳定，农村土地的流转手续复杂，村民集体利益难以协调等，直接导致合法与不合法等多生态投资模式并存，那么如何规避法律风险，笔者根据从业经验，提供如下建议及对策。

第一方面，把握政策动向，争取与政府合作。首先须注意国家和地方的政策动向，如运用当前的“集体土地建设用地入市”“集体建设用地建设公寓试点”“土地承包权流转改革”等新政策；又如国土资源部印发《关于深入推进城镇低效用地再开发的指导意见（试行)》，开发利用城中村的建设用地，以及广东省的“三旧改造、城市更新”的政策。2019 年 8 月 28 日广东省发布《关于深化改革加快推动“三旧”改造促进高质量发展的指导意见（粤府〔2019〕71 号文）和系列配套文件》，把握当前改革新政带来的投资机遇，充分与集体建设用地所在地的村集体、街道办、区政府沟通与合作，了解当地政府对集体建设用地建设的规划、建设和国家

---

① 唐健、谭荣：《农村集体建设用地入市路径——基于几个试点地区的观察》，《中国人民大学学报》2019 年第 1 期。

政策执行等信息，捕捉与政府合作的良机，激活集体建设用地的流转，利用集体建设用地进行开发建设，是当前村集体和政府的重要目标，遵循法律法规和政府方针政策，取得政府支持是上策。

第二方面，对土地进行尽职调查。在与村集体拟进行土地合作开发建设用地之前，首先，对利用和开发的土地进行尽职调查，比如，是否持有集体建设用地使用权证，是否为建设用地，有无违法用地、非法建设等情况；其次，该土地是否符合用地规划、城市控规的规划要求、有无规划批复；再次，需要具备相应规模的建设用地的指标，如无建设指标，则无法进行建设；最后，还要调查土地是否存在权属、界址纠纷，地上建筑物有无司法查封问题。开展上述调查工作，需要进村社、当地政府了解情况，以全面、清晰掌握土地、规划及建设等情况。

第三方面，与村集体合作的合同权利义务要明确，合同要备案。在开展项目合作之前，投资者需与有权签署合同的村集体签订书面合同，全面、明确约定双方的权利和义务，避免违法的内容和约定。要注意合同内容，比如，村集体负有办理完整审批手续的义务，应将项目土地证（如有）及房屋权属证书抵押给投资者或其指定的单位，防止村集体将土地一地二卖，或者设置抵押等问题。明确项目土地遇到征收、征用等情形发生时，项目物业补偿费的分配、支付问题，比如对于“三旧改造”合作方式，广东省通过“三旧改造”实践，在城市社会、经济转型的诸多方面取得了极大的突破和改善。[①] 还须明确了解当地政策规定，尤其是引进合作企业的规定，比如番禺区规定，村集体必须经区政府公布村基础数据之后方可进行，[②] 不得私自与村组织、村负责人签订协议，这种协议无法律保障。

---

① 项振海、郭炎、袁奇峰、谭诗敏：《广东省“三旧”改造研究进展》，《上海城市规划》2018年第4期。

② 《广州市番禺区旧村庄更新改造公开引入合作企业的指导意见》（番府〔2020〕4号）第二条第（五）项“旧村庄更新改造项目的基础数据经区政府审核公布后，方可开展合作企业的引入工作。”

第四方面，要合规通过村民会议审核和村集体资产交易程序。根据国家关于农村资产管理的相关规定，农村资产交易，必须经村民集体表决通过，须以公开招标程序选择合作者。例如，广东省颁发《广东省农村集体资产管理条例》《广州市农村集体资产交易管理办法》，开发商如拟利用集体建设用地，投资建设商业、公寓等项目，不论是出让、出租或合作开发，除通过村集体表决程序之外，还须按规定通过三资平台（农村集体“三资”是指农村集体资金、农村集体资产和农村集体资源）审核和交易，否则会导致合同无效。通过以上程序后，还须按照集体土地建设的报批手续，向区规划局、住建局等部门申请规划、建设等手续，取得《建设项目开工许可证》，方可进行建设。

第五方面，合作出现争议，要依法解决。如果与村集体合作出现法律纠纷，要选择正确的法律救济途径：①行政调处。基于土地权属的特殊性，凡是出现集体土地权属争议、非法对农用地进行开发建设、规划建设手续不完整或非法的，或者涉及农村承包经营权的争议，均应首先由区县人民政府进行调解和处理，涉及违法、非法用地的，必须依法进行处罚。②民事诉讼、仲裁。对于不涉及土地权属、非法用地的情况的，当事人双方可以依据合同，就双方产生有关财产权益或履行合同义务等争议，向人民法院提起诉讼，或依据双方约定提起仲裁。

第四节　结　　语

在当前土地制度改革的背景下，从事农村土地投资开发的企业，须深入研究和把握改革动向，理顺与政府和村集体的合作关系，依法依规进行项目合作开发，要保障村集体和村民的权益，并注意当前法律政策的不稳定性和农村工作的复杂性，做好法律风险防范工作，以获得理想的投资开发成果。

论旧村改造中平台公司产生背景、介入路径及整治对策

摘　要：“三旧改造”是广东省特有的政策，自2009年开始至2020年持续地推进发展，已经取得斐然成绩，城乡面貌焕然一新。2020年8月广州市政府新规划了未来十年广州三百多条城中村高质量改造，可见未来十年旧村改造仍是房地产开发的风口，而在旧村改造中涌现了大量平台公司（含中介公司），平台公司主要目的是倒卖项目获取利益，严重扰乱了“旧改”市场，成为政府治理和规范的对象，笔者根据实务经验，探讨平台公司产生背景、介入路径和整治对策，以期对旧村改造务实有所裨益。

关键词：旧村改造　城中村　平台公司　城市更新

一、平台公司产生的背景

平台公司产生的背景，与我国农村集体经济组织民主决策的复杂性有关，集体经济组织的属性、村集体的管理体制及传统的宗族观念等因素，造成决策权分散、决策程序复杂漫长。首先，《中华人民共和国宪法》第十七条规定“集体经济组织在遵守有关法律的前提下，有独立进行经济活动的自主权。集体经济组织实行民主管理，依照法律规定选举和罢免管理人员，决定经营管理的重大问题。”村集体对土地等重大资产的所有、管理和决策等重大问题，需要该村集体的全体村民进行民主表决，显示村民个人对集体财产决策的权利，我国农村集体经济组织实

施“三级所有、队为基础”（即三级农村经济组织，为经济合作社、经济合作联社、经济合作总社），享有土地所有权的有三级集体经济组织，[①] 旧村改造需要所属集体组织成员表决通过，才具有法律效力，而村集体对土地“旧改”事项的决策，都要达到表决权80%以上。例如，根据《广州市旧村庄更新实施办法》规定，村民改造意向表决、全面改造项目实施方案、补偿安置协议等都需要达到80%以上的表决权方才通过。重大事项需要村民集体高票表决通过，成为旧村改造中的难点，这是产权的集体属性决定的，是与单一或共有产权的旧厂改造的重要区别。其次，村集体的行政管理体制——“党领导下的四会、一长、一干部”，其中“村党组织是党在农村的最基层组织，具有领导村民自治的核心作用”，[②] 但村党支部书记一般没有明确任期限制，某些老支书任职三、四十年甚至到终身，形成了村党支部书记在村集体中极大的权威。而根据《村民委员会组织法》相关规定，村长是经集体民主选举出来的，对村民和村民事务也具有重要的影响力，因此形成村书记、村长（或社长或理事长）同时对村集体事务的重大影响力，他们之间可能相互对立、形成矛盾。“在中国很大一部分农村，‘四议两公开这一民主创新机制仍然举步维艰。”[③] 最后，中国数千年的宗族传统，也形成了宗族的元老、族长、话事人对村民的实际影响力。村集体的决策权虽掌握在每个具有表决权的村民的手中，但实际上受上述因素的控制，而且村集体还要接受街道办、镇区政府等领导和影响，因此，作为村务中最重要大事——旧村改造，注定处于复杂的人际关系、利益冲突局面中。

---

① 《农村集体土地登记发证有关问题的处理意见》（粤国土资地籍发〔2012〕85号）第一条规定“本次农村集体土地确权登记发证是以行政村界线为基础，将土地权属界线核定到村民小组（经济合作社）一级。”

② 邢峰娜：《村民自治制度困境分析——以沁源县马森村为例》，山西大学硕士学位论文，2012年3月。

③ 同上。

城中村、城中郊区（本文统称旧村）的旧村改造，是过去十年和未来存量土地开发最大的一块蛋糕，也是一朵带刺玫瑰，村集体内部矛盾就像重重荆棘，严重阻碍着旧村改造的进程，某些村“旧改”项目拖延十年都迟迟不能推进，例如，广州冼村“旧改”从2010年启动至今仍然没有完成整村的改造。在村集体这种复杂关系和利益纠葛的背景下，平台公司（包括中介公司）应运而生。

二、平台公司角色类型与介入路径

平台公司并不是经过公开选出的前期服务机构、合作企业或合作意向企业，而是在旧村改造的前期阶段，[①] 为获取成为“旧改”合作企业的资源和利益，而参与到旧村改造市场的单位或个人，平台公司最大的特征是缺乏合规性，其类型可分为如下三类。

第一，大型房地产公司自行设立的平台公司。大型房地产开发商尤其是上市、国有企业，在项目没有正式立项之前，对村集体的实际情况不了解，不敢贸然投入人力和资金，担心项目失败或迟迟不能推进，向村投入活动、联络、沟通等资金无法列入成本入账，但又需进村深入了解村集体的基础数据，摸清决策人物和权力结构，分析“旧改”可行性等情况，因此，需要设立可以处理前期资金、平衡各方利益、提供前期服务的前哨平台公司，以解决上述难题。这类公司一般由大公司进行间接控制，有时大公司高管、投资方、关联方等也投资参股，共同分享利益。

第二，寻求合作开发的中小型房地产公司。从事地产开发的中小开发商和投资机构，由于缺乏与大品牌平等竞争的实力和品牌影响力，难以取得大部分村民的信赖和支持，并且在公开交易的市场招投标中，因

① 本文所说的旧改前期是指，合作企业经正式的公共平台招标成功，并署合作协议为分界点，在招投标成功之前，则为旧村改造的前期阶段，招投标成功之后则为后期阶段。

缺乏品牌力和实力，也比较难以取得旧村合作企业的资质。为此，其作为平台公司或设立平台公司，以获得村“旧改”资源和关系，作为与大开发公司共同合作开发的谈判筹码，一般合作的内容为，平台公司企业作为前期服务机构，产生的成本，由中标之后双方共同设立的项目公司承担，项目公司再由双方按股权比例同股同权投入，达到双方合作开发的目标。

第三，以收取中介、服务费为目标的中介服务公司。在“旧改”市场中，活跃着大量的“关系户”，比如，建筑公司、规划设计公司、物业中介公司、村物业持有人、村集体关系户、领导亲戚等，这些“关系户”多数是民营小企业、个人。正所谓“船小好调头”，其凭借熟悉基层政府、村集体、村民的人际关系网、对集体物业一定程度控制等因素，获取一定村集体内部资源，再将关系“催熟”到一定程度，比如与村签署“旧村改造咨询协议”或其他变相名目的协议之后，将股权以转让的方式，将平台公司转让、倒手给大品牌公司，以获得中介对价，或者按项目阶段获得服务费用。此类平台公司，为以转卖倒手为目的的零散小主体。

笔者根据实务经验，观察到平台公司主要采用如下方式或路径，介入村集体的“旧改”过程之中。

（1）在“旧改”政策早期，直接与村集体、村领导签订的改造合作协议，或未经同意就进村开展基础数据调查。

（2）在“旧改”政策中后期，由于政策管理较严，多以咨询、服务等名义与村集体签订合作协议。

（3）利用控制村集体土地和物业的使用权益，包括签订长期租赁、实际占用使用等，影响和参与合作进程。

（4）其他方式。如，新建、扩建、抢建物业，买受私分的集体资产或建设土地使用权，以产生实际控制。

平台公司参与“旧改”关系网、利益链中，不可避免地催生了利益输送、权力寻租、黑恶势力等违法乱纪行为，本来农村的村集体表决、领导体制就存在不完善的问题，腐败现象时有发生，“农村地区部分村干部利用手中权力侵占资产、克扣国家补贴等以权谋私的腐败案件也逐渐凸显。”[①] 在旧村改造中，由于利益特别巨大，反腐形势也比较严峻。例如，广州市著名的冼村“旧改”，就产生了令人震惊的腐败窝案。[②] 由此可见，平台公司的介入使“旧改”市场主体、交易及利益输送等情况更加错综复杂。

三、对平台公司的整治对策

平台公司对激活市场、提供“旧改”前期初级服务确定也起到了一定的促进作用，但其扰乱市场带来的负面效应，远大于其积极作用，平台公司参与旧村改造与村民利益相悖、不符合“旧改”政策，难以得到法律政策的“合法性”认同，因此，对平台公司的清理和整顿势在必行。

对平台公司整治，主要应从“禁”和“立”两方面进行，一方面对平台公司参与旧村改造进行明令禁止，另一方面制定和规范前期服务机构、合作意向企业、合作企业选择的法律政策。以正反两方面强有力的措施为抓手，堵住平台公司流入的缺口，净化旧村改造市场交易秩序，使村集体可选择到资质优良、实力雄厚、具有社会责任感、符合“旧改”要求的企业，以推进旧村改造依法合规、快速健康发展。

第一，在“禁”的方面。禁止平台公司、中介公司参与“旧改”项目，是保障村民、村集体利益的措施，是得到政府、村集体和村民支持和拥护的，也是净化市场、规范秩序的措施，是为了保障真正具有实力和专业能力的企业，参与到“旧改”的服务中去。另外，也能起到减少旧村改

---

① 周庆行、解云建、储永新：《我国农村腐败问题的成因及反腐败机制建设》，《廉政文化研究》2012 第 01 期

② 腾讯网：《高官与开发商勾结冼村改造曝腐败铁三角》，https：//gz. house. qq. com/zt2014/dy-fx302/

造合作纠纷案件、保障改造顺利推进的作用。例如，2020年3月某市一家旧村改造平台公司老板宣称已经与村委会达成口头合作协议，各种关系已处理妥当，某大型房地产公司信以为真，立即与其签订合作协议并投入500万元前期费用，但稍后即发现该公司根本没有取得村委会的信任和支持，也无合法有效的服务协议等，最后双方产生严重纠纷造成诉讼案件，该村被列为诉讼第三人，影响了该村“旧改”项目的推进。2019年9月广州市发布了《关于加强旧村全面改造项目监管工作的通知》，明令禁止了平台公司参与旧村前期改造，并且要求各区自查自纠，清理、整治平台公司参与的“旧改”项目，[①]坚决查处倒卖“旧改”项目的行为，对于转让项目公司股权倒卖项目，明确规定“转让项目公司的股权，须经村集体书面同意，村集体自主改造的项目公司转让股权的，视为合作改造，须重新走合作企业的招商的程序”。[②]那么，在明令禁止平台公司参与“旧改”的地区，村集体与平台公司签订的合作协议，均应依法解除与终止。对于解除合同，村集体具有较多的主动权，除了政策和政府层面支持之外，村集体与平台公司签署的协议，大多存在合法性、有效性、公平性等问题，解除合同对村集体利益一般不会造成较大损害。例如，某合作协议约定，村集体如单方解除合同，应承担巨额违约金赔偿责任或双倍定金返还责任，对此，法院依法可以根据实际损失情况，对违约金过高予以调整，而且平台公司一般也难以举证具体损失，另外，村集体可将“旧改”历史成本转移至接手的合作企业，要求合作企业承担历史费用。

第二，在“立”的方面。随着旧村改造的深化推进，对于旧村改造参与主体的合规性要求，各级政府也不断颁布法规和政策，明令要求旧村改造中，尤其是旧村改造前期，村集体如需要前期服务机构的专业协助、需

---

① 见《广州市住房和城乡建设局关于报送旧村全面改造项目平台公司清理整顿工作情况的通知》2020年4月15日。

② 见《关于进一步规范旧村合作改造类项目选择合作企业有关事项的意见》穗建规【2020】第16号（2020年2月21日）第十条规定。

要选择意向合作企业的，依政策、按标准、公开选择适格的市场主体，以此来保障选出的企业是具有资质、具有“旧改”经验和富有社会责任感的优质企业。例如，目前广州、深圳颁布的地方政府规章有《广州市城市更新办法》《深圳市城市更新办法》，广东省政府拟颁布《广东省旧城镇旧厂房旧村庄改造管理办法》。2020 年 9 月《广州市人民政府关于深化城市更新工作推进高质量发展的实施意见》（穗字〔2020〕10 号）第十八条规定“加强合作企业管理，完善引入退出机制”，并且颁布选择合作意向企业、合作企业的意见、指引。[①] 为防范平台公司扰乱市场、破坏旧村改造的秩序，某些市级及区、镇和街道也已颁布相应规定，明确前期机构的选择须具备相应的条件和要求，具有代表性的地区有中山，佛山、东莞地区，比如 2019 年东莞市颁布了《东莞市城市更新单元单一主体挂牌招商操作规范（试行)》第十六、第十七条规定。2019 年东莞常平镇颁布了《常平镇城市更新单一主体挂牌招商招引前期服务商工作指引（试行)》，明确规定前期服务机构，须具有相应的资信条件、开发经验、对省、市“三旧”改造政策具有一定的认知、理解与执行的熟悉程度等。

除了上述措施之外，还要加强对区级以下镇、街道等基层机关、村集体的领导干部进行政策、法制培训和指导，对村民进行法律和政策宣传，“在加强农村法治建设方面，一是强化法治宣传教育”,[②] 加强村务工作监督和管理，全面贯彻旧村改造的法规和政策。

四、结语

平台公司“倒爷”的角色属性和带来的诸多负面效应，违背旧村改造

---

① 《广州市城市更新项目监督管理实施细则》穗建规【2020】15 号（2020 年 2 月 21 日）、《关于进一步规范旧村合作改造类项目选择合作企业有关事项的意见》穗建规【2020】第 16 号（2020 年 2 月 21 日）、《广州市城中村改造合作企业引入及退出指引》等。

② 袁延文：《强化农业农村法制建设助力乡村振兴》，《湖南农业》2019 年 02 期。

的政策导向。要高质量地推进旧村造改，就必须对扰乱市场的平台公司和中介公司进行清理，对旧村改造的服务商、合作企业进行高标准的选择，使入选的企业依法合规为旧村改造提供专业、优质和高效服务、合作开发，以高质量推进旧村改造进程。

诉讼律师看房地产项目法律风险

摘　要：当前我国房地产业开发虽然火爆，但是房地产开发的法律体系还不完善，开发商尤其是小开发商的法律意识比较淡薄，一些特殊项目的开发存在不规范的各种操作、利益输送，法律风险成为房地产开发的重要问题，甚至关系到一些小开发商的生存问题。基于此，笔者作为诉讼律师，对房地产开发企业前期开发阶段、施工建造阶段、房地产销售阶段和物业管理阶段等的法律风险与防范进行一些探讨和梳理，从诉讼律师的角度和视角，阐述开发链条中常见法律风险以及实务操作上的防范与控制。希望能够为房地产从业律师、从事房地产行业的管理人员及有关人士提供一些处理实际问题的思路和方法。

关键词：房地产　开发　法律风险　防范

近年来房地产企业在项目开发中面临的诉讼、仲裁等法律纠纷渐趋增多，这不仅给企业的顺利发展带来一定阻碍，也给房地产行业的声誉造成不少负面影响。房地产企业的法律风险存在于房地产开发过程的每一个环节，房地产开发活动过程中要面对各种法律风险，笔者结合相关诉讼经验，对房地产企业开发中面临的法律风险及其防范展开探讨，从实战中总结对房地产开发管理的经验。

一、房地产前期开发阶段的法律风险与防范

（一）土地出让的法律风险与防范

房地产前期开发，首先是拿地。拿地有多种方式，其中可以通过政府招拍挂的方式受让土地、通过法院拍卖竞得土地、通过收购取得土地，以及通过“三旧改造”[①] 的城市更新与村集体、旧工厂等权属主体合作开发等多种方式。在摘地、拿地过程中，法律风险是最大的，也是最关键的。需要注意：①根据《关于审理涉及国有土地使用权合同纠纷案件适用法律问题的解释》的规定，开发区管理委员会作为出让方订立的土地使用权合同，应当认定无效。②土地使用权出让的主体只能是市、县人民政府，土地使用权出让合同的订立与履行则由市、县人民政府土地管理部门具体负责。土地使用权出让合同的标的物仅限于国有建设性土地使用权，而不包括国有农场的土地使用权，更不包括集体土地使用权。③出让程序中也存在禁止性法律规定。国务院2003 年第18 号文特别指出，“对空置量大的房地产开发企业，要限制其参加土地拍卖和新项目申报”。也就是说，对于土地拍卖的竞买人来说，空置量大的房地产开发企业是被限制竞买资格的。④《中华人民共和国招标投标法》《中华人民共和国拍卖法》《招标拍卖挂牌出让国有土地使用权规定》规定，中标人、竞得人放弃中标宗地、竞得宗地的，应当依法承担责任。因此，房地产出让不仅要满足实体上的合法性也要满足程序上的合法性。⑤与村集体合作尤其需要注意，要通过村民代表大会及三级平台的审核，以及政府合法审批等问题。

因此，要做好土地出让中的法律风险防范工作。首先，应注意考察土

---

① 三旧改造可以说是广东省的特有政策，广东省在三旧改造方面已经达到了一个较为成熟的水平。三旧改造具体是指“旧城镇、旧厂房以及旧村居”，引自林四季《由“三旧改造”引发的对城市更新的思考》，《法制与社会》2020 年第01 期。

地的合法性和出让权限的合法性，注意与村合作要符合当地政府的“三旧改造”、城市更新政策或“自留地开发”政策，并且需要经过村集体决定的开公、开示程序，以及要通过公共资源交易平台的公开进行交易等程序，与村集体关于土地资产合作，涉及村集体重要的资产交易，“建设农村产权流转交易市场，推动农村产权交易公开、公正、规范运行。”[①] 例如，根据《中华人民共和国村民组织法》第二十四条规定涉及村民重大利益的事项，须经村民会议讨论决定；根据《广州市农村集体资产交易管理办法》第二条、第十三条的规定，属于农村资产交易的，比如农村集体资产进行承发包、租赁、出让、转让以及利用农村集体资产折价入股、合作建设等交易行为，还要经过农村资产平台公开交易平台的交易，方为程序合法。注意土地使用权出让的主体，同时还要注意出让国有土地使用权的土地面积和政府的级别的关系。其次，注意查看由规划部门依据控制性详规出具的拟出让地块的规划条件和附图。开发商在决定受让某地块之前，应对以上规划条件及附图做详细的了解和仔细的分析，并结合自己的情况进行可行性估算；再次，注意具体出让程序中的禁止性法律规定。最后，注意出让合同中的具体条款。注意明确土地费用与土地状态及取得土地使用权证的关系，尤其是“毛地”[②] 出让的，应明确征地或拆迁中各项关系由谁处理、拆迁安置的条件与费用等问题，从而有利于项目总体开发顺利。对成片开发的出让合同，需要对子项地块的开发、转让等问题做出约定，一般应根据子项地块的土地出让金支付进度、土地使用权证书取得情况以及土地投资开发情况，来规定转让条件，明确地下空间的开发利用权，明确对出让土地的实际面积界定。

---

① 叶兴庆、张云华、伍振军：《农村产权流转应尽快建立完整高效的市场体系》，《中国经济时报》2014 年 12 月。

② “毛地”是指房屋尚未拆除，被拆迁人未获得补偿安置的土地。引自霍仕朋、张国强：《“毛地出让”隐患重重应予明确禁止》，《法制日报》2008 年 12 月。

（二）项目收购中的法律风险与防范

房地产项目收购也可称为房地产项目转让。是指一方将其取得的国有土地使用权和项目所有权直接转让给另一方的行为。项目收购可分为直接收购项目方式和通过收购项目公司的股权间接收购项目方式进行。

1. 直接收购项目方式

首先，直接收购项目方式存在项目标的现状风险，项目的债务问题。是否存在债务纠纷、是否存在诉讼纠纷、执行名单，一般目前的在建房地产项目转让，大多存在重大的债务问题。其次，项目隐蔽瑕疵问题。包括拆迁、容积率、限高、公建配套、商住比例要求等。再次，存在项目合法性风险。根据《中华人民共和国城市房地产管理法》的规定，转让方所转让的项目必须符合下列条件：①已经支付全部土地使用权出让金，并取得土地使用权证书或者虽未取得土地使用权证书，但当地人民政府或其授权的部门同意转让；②已完成开发投资总额的百分之二十五以上，已支付的土地使用权出让金不包含在内；③按建设项目法定程序取得了立项、规划、施工等手续。最后，直接收购涉及土地增值税的问题。在土地价值飞速上涨的当前，土地增值税成为项目收购特别要注意的问题，“土地增值税采用30%、40%、50%、60%的四级超率累进税率。土地增值税税率偏高，房地产业税负偏重，会抑制土地的正常流转”[①]，这是直接涉及收购成本核算的关键因素，因为前期拿地的成本都比较低，在当前土地价格成倍上涨的行情下，转让的价格也是上涨数倍甚至百倍，因此直接涉及土地增值税如何承担的问题。

为避免直接收购项目方式的法律风险，建议采取以下防范对策：①应审查房地产项目的债务、规划、审批手续是否清晰；②确认是否符合上述法定转让条件；③对转让方提供的税费进行审核，审核是否为有效可抵税票。

---

① 贺蓉：《基于演化视角下的土地增值税改革研究》江西财经大学硕士学位论文，2019 年 6 月。

2. 通过收购项目公司的股权间接收购项目方式

通过收购项目公司股权，可以减少部分税费，在一些地区甚至可以免征土地增值税，但如果转让目标公司主要是转让房地产的，则税务机关仍要征收土地增值税。收购项目公司，主要须对该公司、法定代表人、实际控制人进行法律财务的尽职调查，以调查债务、权属是否清楚，是否存在隐蔽的债务和责任，造成不能转让股权或房地产的情形，并要求大股东、实际控制人承担担保责任。

项目转让和收购，可以采取如下实操方式。

（1）增资扩股方式

适用于资金严重短缺需要引入投资者进行合作的房地产企业。能够便捷地实现股权融资功能，解决开发商的资金不足问题，尤其在分红时可按实缴出资比例进行红利分取等优势，减少交易税费。

（2）阶段性股权融资方式

阶段性股权投资即阶段性资金拆借，是在项目确定以后进入成熟期之前，销售回款和项目贷款又没有落实的情况下，发展商愿意承担较高的借款利息。这时发展商的资金缺口一般在6个月左右，继而项目融资可以到位或销售回款能够实现。该模式适用于具有短期融资目的的房地产企业。该模式的优势在于不增加负债率，因为负债率过高，财务报表不好，后期贷款难以获得。其运作模式是在项目确定下来之后，即将进入成熟期之前，开发商从银行得到贷款支持越来越困难，房地产开发企业通过增资扩股的方式进行融资，而在房地产项目实现销售后溢价回购原所增股权。

（3）商品房包销方式

可以用包销来代替项目转让，包销人按包销合同约定的时间分期、分批支付包销款，等于变相地支付项目转让款或合作款，将项目转让合同中受让方的权利义务转化为包销合同中包销方对项目经营管理的权利义务。因为包销合同的委托方必然是房地产开发商，而受托方即包销人按照《商品房销售管理办法》规定应是房地产中介服务机构；而且签订包销合同的时间可以是在预售许可证取得之前或之后，均不影响合同的效力。

（4）承包方式

承包方式分为建设全过程承包和阶段承包。建设全过程承包适用于大型复杂的工程项目，便于充分利用承包商在勘察、设计、施工等方面雄厚的技术、经济力量及丰富的组织管理经验，以降低工程造价、缩短建设工期，并且由总包方垫资建设，当然与总包方合作的合同要规范明确。

（三）合作开发中的法律风险与防范

联建协议，参建协议，房屋合建合同，合作建房协议，与村集体的三旧改造、自留地合作建设等均属于合作房地产合同。合作开发房地产合同的特征是：共同投资、共负盈亏，分为共同成立项目公司、联建方式、参建方式三种。合作开发中的法律风险，不得设定保底条款，否则将据实认定合同性质，并导致无效合同的出现，或者定性为名为合作开发，实为房地产转让。根据《最高人民法院关于审理联营合同纠纷案件若干解释问题的解答》的规定：①联营合同中的“保底条款”，通常是指联营一方虽向联营体投资，并参与共同经营，分享联营的盈利，但不承担联营的亏损责任，在联营体亏损时，仍要收回其出资和收取固定利润的条款。②联营合同中有保底条款的，联营合同有效，但该保底条款无效。属于无效民事行为。此外，联建协议不办理审批、备案手续将导致提供资金的联建方形成实质上的参建方，无法对土地、房屋享有相应物权，存在不能直接取得产权的重大风险。并且与村集体的三旧改造、自留地开发建设，均严格符合当地政府关于征拆、三旧、自留地开发建设的政策，完成法律、政策规定的审批手续，妥善处理与村集体、村民的关系等。

针对合作开发的法律风险，建议采取以下对策：①合作开发合同要明确划分双方的责任；②对双方分得房产、利益明确约定；③明确约定违约责任；④合作意思表示要真实，而不能借合作之名，而行借贷之实；⑤对于提供资金的联建方来说，务必要通过审批、备案取得对项目的物权保障；⑥为保证联建方的权益，通过设立项目公司的方式进行合作开发。

二、房地产施工建造阶段的法律风险与防范

“房地产项目建设施工是房地产经营至关重要的一个环节，施工质量的管理、施工成本的控制、施工现场的安全管理直接影响项目的有效进行。”① 项目的施工建设阶段，首先，要防范重大安全事故，以保障建设的顺利进行；其次，要注意与施工总包单位、分包单位、劳务公司的合同关系，如果出现开发商拖欠工程款项的问题，就通过诉讼查封该项目获得优先受偿。工程合同纠纷，是最常见的诉讼纠纷，因此，双方不仅要写明合同的权利义务，而且要注意保存建设资料、竣工验收资料、结算资料和款项支付的凭据，并且要注意劳务承包、工伤纠纷、责任事故、环境保护等问题。还有多份合同的问题，根据《中华人民共和国招标投标法》《建设工程价款结算暂行办法》《最高人民法院关于审理建设工程施工合同纠纷案件适用法律问题的解释》可知，应“以备案的中标合同为准”。

案例 1： 2003 年乙建筑公司在甲地产公司举行的酒店项目施工招标中一举中标。但双方签约时，甲公司要求乙公司前期垫资 1000 万元施工经费，乙公司考虑到这是一个工程总额近 5000 万元的大合同，能拿到手不容易，于是就同意了甲公司的要求，并约定垫资年利率为 6%。甲公司认为反正垫资条款为无效条款，约定利率也无妨，于是答应了乙公司的要求。垫资施工期结束后，甲公司因资金困难，未能偿付垫资款。于是，乙公司无奈诉至法院，要求甲公司支付工程款并按约定利率支付相应利息，同时

① 黄炳炎：《房地产开发企业法律风险管理研究——以沈阳市华锐世纪集团为例》，昆明理工大学硕士学位论文，2018 年 9 月。

依据《中华人民共和国合同法》和相关司法解释关于建设工程优先受偿权的规定，要求对该酒店进行拍卖优先受偿。

该案例中的垫资条款是否有效呢？根据《最高人民法院关于审理建设工程施工合同纠纷案件适用法律问题的解释》的规定，对垫资和垫资利息有约定的，应支持。因此，垫资施工条款是有效条款，如涉及垫资施工，对于发包方而言，可在合同中不约定利息。

案例2：2004年5月乙建筑公司与甲房地产开发公司签订了总价款1300万元的公寓建设施工合同。2005年10月工程竣工验收合格后，甲公司尚有375万元的工程尾款尚未支付。双方约定的付款条件是：由乙公司向甲公司提交竣工结算报告，按照《建筑工程施工发包与承包计价管理办法》审核无误后，甲公司支付其中的310万元（其余款项作为工程质量保证金）。乙公司于当年10月将竣工结算报告提交给甲公司项目负责人后，甲公司没有回音。2006年年初催要欠款未果的乙公司于是提请仲裁。仲裁中，甲公司提出其项目负责人即甲方代表已辞职离开公司，但甲方代表在乙方提交的工程结算报告时就表示了异议，现甲公司不同意乙公司提出的结算数额，要求乙公司重新提交竣工结算文件。

三、房地产销售阶段的法律风险与防范

（一）虚假宣传的法律风险与防范

如果开发商在销售过程中做出过于具体的承诺可能构成要约，存在一定的法律风险，而过于夸大、虚假的宣传还可能违反《中华人民共和国广告法》的有关规定。

商品房销售过程中，可能存在销售广告、宣传资料过于具体而与事实不符的法律风险，根据《最高人民法院关于审理商品房买卖合同纠纷案件适用法律若干问题的解释》第三条规定：“商品房的销售广告和宣传资料

为要约邀请，但是出卖人就商品房开发规划范围内的房屋及相关设施所作的说明和允诺具体确定，并对商品房买卖合同的订立以及房屋价格的确定有重大影响的，应当视为要约。该说明和允诺即使未载入商品房买卖合同，亦应当视为合同内容，当事人违反的，应当承担违约责任。”应对虚假宣传法律风险的主要对策是：①明确广告宣传的范围和内容；②开发商应对销售合同和宣传资料内容进行审核，保证其真实性；③注意在广告中进行模糊化处理。

（二）商品房预售中的“欺诈”法律风险与防范

开发商往往在不符合商品房预售许可证的情况下就开始商品房预售，或者采用众筹，团购、单位内部认购等方式非法提前销售，因此与买受人订立的商品房预售可能会被法院认定为无效。《最高人民法院关于审理商品房买卖合同纠纷案件适用法律若干问题的解释》第二条规定：“出卖人未取得商品房预售许可证明，与买受人订立的商品房预售合同，应当认定无效，但是在起诉前取得商品房预售许可证明的，可以认定有效。”若开发商在没有取得商品房预售许可证的前提下与买受人订立商品房预售许可合同，导致合同无效或者被撤销、解除的，买受人可以请求返还已付购房款及利息、赔偿损失，并可以请求出卖人承担不超过已付购房款一倍的赔偿责任。

根据《中华人民共和国城市房地产管理法》的规定，房地产开发商向消费者预售商品房应当符合下列条件：

1. 商品房预售人（开发商）必须已经向政府主管部门交付全部土地使用权出让金，并依法取得土地使用权证书。

2. 房地产开发商必须持有建设工程规划许可证。

3. 按提供预售的商品房计算，投入开发建设的资金达到工程建设总投资的百分之二十五以上，并已经确定施工进度和竣工交付日，预售人方能预售房屋给预购人。

4. 商品房预售人（房地产开发商）须向县级以上人民政府房产管理部门办理预售登记，取得商品房预售许可证明。

5. 商品房预售人（房地产开发商）应当按照国家有关规定将预售合同报县级以上人民政府房产管理部门和土地管理部门登记备案。

6. 商品房预售所得款项，必须用于有关的工程建设。

因此，建议开发商严格遵守法律规定，在取得预售许可证明后再对外订立商品房买卖合同；在取得预售许可证明之前，如已经办妥立项、规划、报建审批手续，但尚未领取预售许可证，可以与买受人订立“商品房认购书”“商品房定购书”等具有预约性质的合同。

（三）售后包租的风险与防范

根据《商品房销售管理办法》第四十五条的规定：“售后包租，是指房地产开发企业以在一定期限内承租或者代为出租买受人所购该企业商品房的方式销售商品房的行为。”主要形式包括：“带租约销售”“返租回报”“利润共享”“保底分红”等。但是，售后包租行为与开发商的返本销售、分割拆零销售行为一并被《商品房销售管理办法》列为开发商不得采取的销售方式。

因此，要防范的主要是该种行为带来的行政责任风险。特别是在商品房未竣工的情况下，尽量不要采取售后包租的销售方式。

四、物业管理阶段的法律风险与防范

“由于我国物业管理起步较晚，相关法律制度不完善”，[①] 而且物业管理面对众多的小业主，以及要处理多种突发情况，因此物业管理阶段存在比较复杂的法律风险，而且物业管理公司与开发商之间的合同关系，以及

① 王晓习：《我国物业管理中若干法律问题研究》，甘肃政法学硕士学位论文，2014 年 4 月。

开发完成之后，与业委会的合同，都需要特别注意一些重要法律风险情形。比如，物业管理阶段存在选聘前期物业公司未依法招标的法律风险及未规范办理物业交接手续的情况，导致物业服务主体不明的法律风险和因投诉责任模糊，开发商可能面对属于物业责任投诉的法律风险，建议依法通过招标等法定程序选聘物业管理企业，与前期物业管理公司依法规范移交，双方办理交接手续。

案例3：甲开发了数栋小高层，在开始销售之前甲与乙物业管理公司签订了前期物业服务合同。房屋对外销售后，乙一直进行着物业管理服务，但双方没有办理书面物业交接手续，移交承接相关资料。后因管理原因水泵房漫水，造成业主地下室货物损坏，业主为此诉至法院，要求甲、乙共同赔偿损失。在诉讼中，乙以物业未交付也未实际管理为由拒绝承担责任。法院查明双方确实未办理正式移交手续，但乙已实际进行了管理，同时甲选聘乙未经招标程序。法院判决，甲、乙双方均对业主的损失承担连带赔偿责任，并就甲未经招标擅自选聘乙的行为向当地建委发出司法建议书，甲被当地建委处以5万元的罚款。

开发商在商品房预售中的法律风险及防范

摘　要：从我国房地产行业的发展现状看，即便当前的房价飞速上涨，但依然未能削弱国民的购房热情。房屋购买方虽是国家法律的重点保护对象，但开发商的利益也同样值得关注。在商品房预售过程中，开发商面对的法律风险问题，主要是由于其与消费者的信息不协调以及相关法律法规不完善，为此，需在今后对上述问题加以重视。文章对开发商在商品房预售中的法律风险及防范进行了研究。

关键词：开发商　消费者　商品房预售　法律风险　楼盘

在如今的商品房预售过程中，合同常以格式条款为主，故极少有消费者可完全按照自治原则进行合同签订。该问题主要是由于合同双方的信息资料不对称，进而造成合同双方地位不对等，其实质上也违背了民法中关于“合同主体平等”的基本原则。上述问题的出现，十分不利于商品房预售工作的顺利开展，同时也对商业诚信制度造成损害。

一、商品房预售的基本特征分析

（一）法律主体特性

商品房在预售过程中，其法律关系的形成与购房者和开发商之间存在着较为密切的联系。开发商需经过相关政府部门的同意之后，投资进行房地产开发，之后再将投资产生的物品投入市场进行买卖。虽然购买者的具体数量无法确定，但意向或需求群体的存在却值得肯定。因此，在商品房预售的过程中，买卖交易合同的签订双方基本固定。

（二）交易结果不可预见

在商品房的预售阶段，房屋尚未成形，买卖双方需按照特殊规定开展后续事宜。但是现实生活中，开发商尚未取得预售许可证便开始与消费者签订认购书的问题仍时有发生，加之房产开发的时间较长，存在诸多不确定因素，种种原因都增加了消费者的法律风险。为平衡消费者与开发商的利益，我国《最高人民法院关于审理商品房买卖合同纠纷案件适用法律若干问题的解释》第二条规定："出卖人未取得商品房预售许可证明，与买受人订立的商品房预售合同，应当认定无效，但是在起诉前取得商品房预售许可证明的，可以认定有效。"针对房屋预售许可证明对于商品房预售合同效力的影响做出了相应的规定，该规定在一定程度上体现了对购房者权益的保护，缓解了开发商与消费者之间的矛盾。

另外还需注意的是，在商品房预售实践中还存在一房二卖甚至多卖的情况，于此情形，即使合同效力均为有效，最终也只能由众多买受人中的一方取得房屋所有权，对于其他买受人而言则无法取得房屋所有权，交易目的落空，只能根据《最高人民法院关于审理商品房买卖合同纠纷案件适用法律若干问题的解释》的相关规定①要求开发商承担违约责任。如此既会加重开发商的经济负担，也会影响开发商的声誉，对其自身的长远发展十分不利。

---

① 《最高人民法院关于审理商品房买卖合同纠纷案件适用法律若干问题的解释》第八条规定，具有下列情形之一的，导致商品房买卖合同目的不能实现的，无法取得房屋的买受人可以请求解除合同、返还已付购房款及利息、赔偿损失，并可以请求出卖人承担不超过已付购房款一倍的赔偿责任：商品房买卖合同订立后，出卖人又将该房屋出卖给第三人；商品房买卖合同订立后，出卖人又将该房屋出卖给第三人。

二、开发商在商品房预售过程中需面临的法律风险

大部分的房产开发商在制订预售方案的过程中，处于商业运作方面的考虑，常会过分夸大楼盘的功能和优势，若将销售广告中提及的内容全部落实在合同中，则显然对开发商十分不利。目前，业主以销售广告中存在虚假内容为由，状告开发商并要求其赔偿经济损失的案件屡见不鲜，同时也造成了不良的社会影响。商品房销售广告被纳入合同内容的条件主要有两个：第一，出卖人就特定开发范围内的房屋及其相关设施所做的具体确定和说明；第二，对房屋价格的确定以及房产交易合同的制订产生较大影响。只有在上述两种情况下，才能将销售广告中的内容作为合同内容。

房屋在建造的过程中，存在一定的缺陷和瑕疵在所难免，很多微小的缺陷问题在交易以及验收时常不易被察觉，待业主居住较长一段时间后，才会有所察觉，进而引发纠纷问题，很多业主便会借此机会提出经济赔偿和退房要求。例如，某“明星楼盘”在建造的过程中，由于混凝土受冻，进而引发严重的质量问题，业主在居住一段时间后，出现大梁断裂的现象，故直接导致大批业主的经济索赔问题，一时间使开发商陷入绝境。但在审查房屋交易合同以及相关权威部门的检测报告后，发现开发商其实有很多的理由可以拒绝业主的索赔要求。实质上，国家在房屋质量缺陷的问题上，也明确指出开发商有责任承担维修工作，但并非必须解约。由此可见，结合国家法律的相关规定，开发商有义务针对业主提出的房屋质量问题加以解决，若为此给业主带来一定的经济损失，通常也需要如数赔偿。但在此情况下，业主有义务对其所遭受的损失加以举证，义务的实现过程较为艰难，因此，开发商所需承担的还是维修责任。[①]

① 王琳琳：《房地产交易中存在的法律问题及风险防范》，《长春师范大学学报》2014 年第 9 期。

三、商品房预售过程中避免开发商法律风险问题的有效途径

（一）完善商品房预售程序

相关部门在下发房屋预售许可证的过程中，应对开发商的资金实力和开发能力进行严格审核，以此避免开发商的不正当行为所引发的法律风险隐患。同时，开发商还应与预售处进行密切联系，取消以往的先签订草案付款再正式签合同的流程，而改为“先签合同后付款”，以此避免后续的风险问题。转移房屋风险一般是以所有权交付为基础的，由开发商承担大部分的风险，如此一来看似增加了开发商的法律风险负担，但实质上却大幅度提升了其诚信度，若在后续的房屋开发时，并未出现质量问题，便可有效地避免法律风险问题。

（二）合理分配消费者、开发商以及银行的风险

在美国，房屋预售过程中，消费者应与开发商之间达成签订意向，待半数以上的房屋被预订后，开发商才开始向银行申请贷款，并开始正式的建造。消费者在初期阶段预付的资金一般由第三方保管，待工程建设完成交付时，开发商才能获取房款。我国在今后的发展中可充分借鉴该制度，以此降低开发商法律风险的发生概率。

四、结　语

综上所述，商品房在正式预售的过程中，难免会存在较多的法律风险问题，若开发商进行一些不正当、不合法的行为，便会给自身带来严重的法律风险隐患。而当前现行的法律文件中，仍将消费者作为重点的保护对象，因此，开发商在今后发展过程中，一定要恪守法律、严于律己，从多个方面和角度对法律风险问题进行防范。

国有建设用地收购法律风险及防范对策

摘　要：根据《中华人民共和国城镇国有土地使用权出让和转让暂行条例》第十九条的规定，土地使用权转让，是指土地使用者将土地使用权再转让的行为，包括出售、交换和赠与。本文所称国有土地收购，是指开发商通过土地二级市场获取国有建设用地（本文简称土地）的交易行为，依据相关法律规定，土地转让时，地上建筑物、其他附着物随之转让，因此土地交易收购实际上也是房地产收购，房地产企业可以通过收购土地达到收购房地产的目的，同样也可以通过收购房地产达到收购土地的目的。土地项目收购有直接收购项目方式（包括通过股权方式），也有通过法拍、资产包的方式，还有合作开发等方式，实务中土地项目收购有多种不同的操作模式，同时也存在复杂、巨大的法律风险。

关键词：国有土地使用权　土地收购　法律风险

一、直接交易式和法律风险

直接收购项目，是指土地使用权人和收购方达成的依据法律规定直接将土地或地上建筑物进行转让的行为，根据《中华人民共和国城市房地产管理法》第三十九条第二款的规定："按照出让合同约定进行投资开发，属于房屋建设工程的，完成开发投资总额的百分之二十五以上，属于成片开发土地的，形成工业用地或者其他建设用地条件。"因此，直接收购项目需关注是否满足投资条件，而且直接转让项目将会产生较高的土地增值税，但直接交易资产，相对而言风险较小，对资产把控的安全性较强。直接收购土地项目，包括对净地的收购，一般都通过股权转让方式取得项目公司的股权，通过股权对公司的控制，实现对项目的收购。股权收购方式除直接转让股权的方式外，还有通过增资扩股达到持有项目公司股权，增资扩股比股权转让大幅减少交易税费，相比之下，可以少缴企业所得税、个人所得税。股权方式收购具有诸多优点：①操作程序简单，当事双方签订协议约定股权转让付款方式、履行股东入资手续，变更工商登记备案即可；②境外和境内股权并购，由于不认为是土地交易，所以可以避免土地增值税，但需缴纳企业所得税[①]；③有效规避投资条件的限制，突破《城市房地产管理法》第三十九条关于投资额的规定。另外，相对于直接收购，市场还存在通过“作价投资，公司分立、合并、清算破产”等间接方式，来获取房地产项目控制权，但直接股权方式仍是土地并购市场的主流。

总之，不论何种方式，直接收购在建项目的，由于房地产项目本身是巨大又复杂的法律关系综合体，具有较大的法律风险：①在建项目一般存在多家银行债权抵押，转让须取得抵押权人的一致同意；②项目本身存在问题，比如项目规划商业比重大、容积率低，业主“调规扩容”的承诺难以保障，项目还可能涉及周边环保、城市规划、相邻权纠纷等问题；③项目成本票据少，土地增值税过高，合理避税方式难以实现；④业主、实际控制人对外借款难以查证，第三人影响收购；⑤房产已售部分业主维权等问题。

另外，对于收购长期“烂尾”[②] 的房地产项目，一般会存在多宗诉讼纠纷、多轮司法查封、附多宗执行，或者存在国土、税务、工商或环保等行政处罚问题，而且极可能存在用地、规划、建设等手续失效、缺陷等问题。

---

① 王美燕：《浅谈如何加强房地产企业股权转让涉税管理》，《中国集体经济》2018 年第 20 期。

② 董晶：《如何从根本上解决工程烂尾的问题研究》，《管理观察》2009 年第 8 期。

二、法拍式、资产包收购式及其法律风险

法拍，是指通过参与法院拍卖活动，获得法院拍出的土地项目；资产包收购，主要是指通过竞买金融机构出售的房地产资产包的方式，获得土地项目。这两种方式是目前中小型房地产企业获取开发项目的主要方式。

第一，通过法院拍卖方式获取土地的优点是，通过法院拍卖获得土地的权属确定，且已排除所有司法纠纷和查封措施，直接可以办理更名确权，以用于土地开发建设。但实务中，也不能忽视此类土地的法律风险，虽然法院拍卖的土地已经通过法院诉讼、执行程序，涉及的诉讼、查封和纠纷等各种问题已基本公开，但由于法院拍卖不保证资产的权属状况，不能排除所附租约，也不能排除案外人提出权利异议的情形，而且土地本身也有可能会存在权属不清、规划无效、红线交叉等多种问题，因此存在较大的法律风险。笔者曾办理过法院拍卖土地的执行异议案，因法院拍卖的土地存在权属争议，案件人提出执行异议和执行监督程序，导致法院裁定停止土地过户，无法过户并开发。还有一起案例，开发商拍卖所得土地因与相邻土地红线交叉，发生诉讼纠纷，长期未果。

第二，金融机构资产包，尤其包含土地或物业的资产包，因该土地和物业是房地产企业抵押给金融机构的资产，此前已经过金融机构的审计调查，而且金融机构作为债权人享有优先受偿权，相比而言，该资产价值较高、纠纷较少，因此土地或物业资产包，备受中小型房地产企业的青睐，一些大资产管理公司对房地产不良资产的收购，是其一项重要业务，“收购、受托经营金融机构和非金融机构不良资产，对不良资产进行管理、投资和处置是金融资产管理公司（简称 AMC）的一项重要经营内容”①，资产包有些已进入诉讼执行程序，有些尚未进入，需要注意项目存在诉讼、

① 张贵礼：《非金融机构不良资产收购业务有关问题研究》，《产业与科技论坛》2013 年第 10 期。

查封、小业主、工程款等纠纷。笔者曾代理某房地产公司收购的房地产资产包案件，该资产存在多宗小业主维权纠纷。

三、合作开发式及其法律风险

合作开发分为两种类型，第一种是松散型合作关系，由双方协议约定，土地使用权仍保留在原房地产企业，另一方负责出资并约定回报率的方式。[①] 这种方式简单高效，不产生税费，但是出资方风险大，在土地证、开发报建手续、销售过程中，投资者均没有具名，一般也不实际参与管理，因此，假如项目失败，则投资方难以收回投资，所以一般需设置项目公司的股权作为抵押或提供相应担保条件。第二种是紧密型合作关系，由一方用土地出资，或者一方用管理团队和品牌参与管理或作为变相出资，另一方用货币出资，共同成立项目公司进行房地产项目开发经营。这种方法双方共同投资、风险共担、利益共享。

合作开发项目，也是目前开发商拿地、拿项目的主要方式之一。合作开发需注意的法律风险主要有以下四个方面：①共同开发的债务连带责任。依据相关法律规定，合作方对因合作开发房地产产生的债务应当承担连带责任。②出地一方不承担经营风险，只收取固定利益，包括固定数额货币、固定面积或者固定比例房屋的，认定为土地转让合同。[②] ③要防控合作一方的履约能力和违约责任的问题，以公司名义承担合作责任的，一般要求其实际控制人提供连带责任担保。④要注意对合作项目公司运营进行一定控制和财务监管。

另外，还有名为“合作开发，实为借款”的合作方式，以及垫资代建

---

① 越懂君、岳英焕：《说说企业收并购中“合作模式”那些事儿》，http：//www. 360doc. com/content/18/0211/11/46319294_729318657. shtml。

② 吕兵、杨明月：《企业间借贷的合法性探究》，《法制与社会》2014 年第 28 期。

的合作方式，收购方垫资对项目进行建设和销售，控制销售款项，取得垫资偿还本金和固定利息，同时可获得项目管理费用，应注意的风险是，项目代建是否经债权人同意，是否有必要的担保等问题。

四、法律风险防控六大对策

开发商在二级市场通过收购方式拿地、拿项目，不论是直接收购或间接收购，还是通过法拍、资产包获得土地，或者是通过合作共建、垫资代建等方式，都存在巨大、复杂和隐性的法律风险，笔者根据多年从业经验，针对土地拓展中存在法律风险的共性，总经如下六大法律风险防控对策。

（一）法律和财务尽职调查

掌握用地或项目的全部资料和情况，但需注意的是，即使通过专业机构尽职调查，也不能完全避免风险，要特别注意项目审批手续的有效性，国家和当地政府关于土地交易的法律法规、政策变化等情况。

（二）与实际控制人谈判

尽量避免与中间机构谈判，中间机构传达的信息并不全面、准确，避免走弯路；要掌握协议把控的重点，比如项目所涉案件的处理、执行查封解封、未诉债务清单、债务处理期限等问题。

（三）把控资金支付方式

任何言辞承诺，都没有资金控制有效，收购方需以资金支付节点，控制收购的流程，平衡各方的利益诉求。例如，支付定金、分期付款、款项银行共管、留一部分尾款，作为债务结清承诺保证金等。①

---

① 曹娟楠：《要约收购与收购企业经营绩效》，《现代国企研究》2017 年第 14 期。

（四）居间费用的支付，不要碰触法律红线

首先要保障中间人居间费用的依约支付，如违约可能会导致新的诉讼查封或者内部交易信息秘密泄露，决不向收购方、业主方的职员进行贿赂、与他们利益分成，不存侥幸心理。

（五）掌握项目的实际控制权

公司、项目的控制权争夺，在项目实施操控中具有重要的作用，“公司并购过程中的控制权风险是一个非常重要的风险”,① 因此在项目的收购并购中，对项目公司的控制，需要变更企业的法定代表人、股东名册，掌握营业执照、印章、财务用章，实际控制公司或项目。

（六）要求提供可靠担保

要求业主方提供项目的实际控制人，或关联具有实力的企业，对收购过程中，可能会导致的债务风险和责任，进行担保，以免收购前期资金投入，反而被套进新诉讼案件当中，保障收购协议全面履行。

五、结　语

取得开发用地是房地产开发企业在经营中最基础、最重要的环节，关乎房地产企业的生存和发展。本文分析了土地收购模式和法律风险，提出防范风险的务实对策，以期助房地产企业降低风险，促进房地产行业的健康发展。

① 王光英、张秀华：《公司收购中的控制权争夺》，《中华律师》2011 年刊。

新冠肺炎疫情下房屋租金调整的法律分析

摘　要：2019年年末新型冠状病毒“2019－nCoV”爆发，这场突如其来的疫情，对企业生产、商业交易、社会生活等各方面都造成重大影响。对此，政府和社会都在倡议“广大业主、房东与行业经营者携起手来，共度难关”。那么，承租方向房东主张减免租金，在法律上有可行性吗？因疫情造成经营困难的企业，交不起房租，能否要求减免部分租金？出租方能否就疫情交不起租金的承租方主张解除合同？本文分析相关案例并依据相关规定进行分析。

关键词：疫情　租赁合同　疫情减租 不可抗力

2019新型冠状病毒（即2019－nCoV），因2019年武汉病毒性肺炎病例而被发现，2020年1月12日被世界卫生组织命名。1月30日，世界卫生组织（WHO）将其定性为“国际关注的突发公共卫生事件（PHEIC）”，并建议采取“临时措施”，多国禁止中国人员入境，国家疾控中心提议禁止举办大型活动、关闭公众娱乐等场所，门市商业活动大幅减少，对全国经济造成负面影响。

这场突如其来的疫情，对政府管理、企业生产、商业交易、百姓生活等方面都造成了重大影响。为防控疫情，多地复工延迟至2020年2月10日，有租赁协会倡议，对受疫情影响最大的2月（2020年2月1日—29日）实行免租一个月，3月1日—4月30日两个月租金减半，倡议“广大业主、房东与行业经营者携起手来，共度难关”。这一“有难同当”的倡议，让租户们拍案叫好，尤其对中小企业而言，长达两个月的“开支不开工”令它们难堪重负，任何能够降低经营成本的举措都是雪中送炭，更不必说生产经营场地的巨大租赁成本。但对这一倡议网上也有不同声音，比如，减免房租“不是本分，是情分”“成人之美也要量力而行，不应对房东进行道德绑架”。一段转发甚多的网络视频中，房东更是直言：“房贷不用还的吗？你问银行减不减房贷？你们挣钱时，咋不多交些房租?”那么疫情当前，承租方向房东主张减免租金，在法律上有可行性吗？另外，经营困难的企业交不起房租，出租方能否因此主张解除合同？本文先分析相关案例，然后依据相关法律规定，对房屋租金是否应调整的问题进行解读，以供参考。

【案例分析】

这是一起“非典”期间的租赁案例：某娱乐公司（以下简称“娱乐公司”）与某集团公司（以下简称“集团公司”）于1997年7月18日签订了一份租赁合同，约定由娱乐公司承租集团公司位于某市西藏南路某商用楼五、六层共计4518平方米房屋用于卡拉OK、KTV等娱乐业经营。2001年4月16日，双方续签一份租赁合同，租赁房屋的位置、面积、用途与前合同一致，租赁期限自2001年2月1日至2009年1月31日，年租金350万元，按月缴纳，每月1日为交租日。租赁合同约定，如果承租方拖欠租金达到一个月，出租方可以单方面提前终止合同，并不承担承租方任何费用或损失。从2002年11月开始娱乐公司未再支付租金。2003年5月底，集团公司诉至法院，要求解除合同、娱乐公司归还租赁房屋，并支付拖欠的租金和水、电费等，以及支付从2003年6月1日至实际迁出之日的租金。

案件审理过程中，娱乐公司提出的抗辩理由之一，是由于“非典”疫情的原因，2003年5月中旬开始娱乐公司暂停营业，至2003年8月中旬恢复营业，中间的三个月租金应予以减免。

一审法院认为，娱乐公司没有向法庭举证证明，其在“非典”期间因政府及有关部门采取行政措施而导致合同不能履行，因此，不适用“不可抗力”的免责规定，也就不能部分或全部免除责任。如果适用公平原则，娱乐公司也应该对因受“非典”影响而停业以及停业时间、损失范围加以证明，但娱乐公司要求减免租金缺乏相应的损失依据，不予采纳。

二审法院认为，基于我国在2003年春夏季节发生“非典”疫情一事众所周知，而且当时娱乐业应政府部门防治“非典”的要求而停业也是公知的事实，因此，根据公平原则，上诉人提出其停业三个月的租金应免除的理由成立，法院予以支持，故上诉人所欠租金中应扣除三个月的租金。

另，最高人民法院在2003年6月11日下发《关于在防治传染性非典型肺炎期间依法做好人民法院相关审判、执行工作的通知》，明确规定：由于“非典”疫情原因，按原合同履行对一方当事人的权益有重大影响的合同纠纷案件，可以根据具体情况，适用公平原则处理；因政府及有关部门为防治“非典”疫情而采取行政措施直接导致合同不能履行，或者由于“非典”疫情的影响致使合同当事人根本不能履行而引起的纠纷，按照《中华人民共和国合同法》第一百一十七条和第一百一十八条的规定妥善处理。

法律规定——公平原则、情势变更与不可抗力

从上述案例和最高人民法院的通知可以看出，公平原则和不可抗力被作为法院改变原有合同约定的重要依据。这说明，如何认定“非典”疫情这一影响因素要结合具体个案情况。在广泛性疫情背景下，原合同约定的利益分配规则和追责机制是否以及如何进行调整，法官可以根据个案情况，决定适用公平原则、情势变更或不可抗力，进行判断认定。在上述案例中，终审法院并未明确把“非典”疫情作为一种不可抗力，而是作为一种对合同一方利益有重大影响的情形，适用公平原则，进行改判免租。而最高人民法院的通知则明确规定，由于“疫情”对履行合同一方权益有

“重大影响的”按公平原则处理；而如“疫情”导致履行合同不能的，明确可以适用“不可抗力”原则处理。

在此，我们有必要对现行民事法律框架下的公平原则、情势变更和不可抗力做简明扼要的解读。

一、公平原则

2021 年 1 月 1 日颁布实施的《中华人民共和国民法典》第六条：“民事主体从事民事活动，应当遵循公平原则，合理确定各方的权利和义务。”立法者和裁判者在民事立法和司法过程中应维持民事主体之间的利益均衡；民事主体应依据社会公认的公平观念从事民事活动，维持当事人之间的利益均衡。① 因为某种因素的介入，使得当事人不能实现真正意义上的意思自治时，应通过公平原则予以补充和矫正。所以，也有人说它是一种“矫正的正义”。② 作为民法的基本原则，公平原则为立法者、司法者和民事主体提供了价值衡量标准。

二、情势变更原则

《最高人民法院关于适用〈中华人民共和国合同法〉若干问题的解释（二）》第二十六条规定：“合同成立后客观情况发生了当事人在订立合同时无法预见的、非不可抗力造成的不属于商业风险的重大变化，继续履行合同对于一方当事人明显不公平或者不能实现合同目的，当事人请求人民法院变更或者解除合同的，人民法院应当根据公平原则，并结合案件的实

---

① 王轶：《论民法诸项基本原则及其关系》，《杭州师范大学学报（社会科学版）》2013 年第 3 期。

② 关淑芳：《论公平原则》，《杭州师范大学学报（社会科学版）》2013 年第 3 期。

际情况确定是否变更或者解除。”从该解释的条文内容即可看出，情势变更原则实际上是公平原则的具体体现。以本次疫情为例，当事人因为受到疫情影响难以履行原有的租赁合同，请求人民法院调减租金，此时法院认定租赁合同订立的条件发生变化，继续按照原合同支付租金显然对一方有失公平，遂对租金进行调减，即属于对情势变更原则的适用。

三、不可抗力

《中华人民共和国合同法》第一百一十七条、第一百一十八条和第九十四条第一项规定指出，不可抗力是指不能预见、不能避免且不能克服的客观情况。因不可抗力不能履行民事义务的，不承担民事责任。法律另有规定的，依照其规定。从不可抗力的三个要素来看，本次疫情的发生，是普通民事主体不能预见、不能克服及不能避免的，为了防控疫情，政府相关主管部门做出了关闭娱乐场所、限制人员出行、推迟复工等多项临时应急决定，当事人即便尽最大努力也无法避免并且必须遵照执行，将其定性为不可抗力，于法有据，于理恰当。

根据上述分析，上述三个原则既存在区别，又存在必然的联系。公平原则和情势变更，是针对可以调整的法律关系，不可抗力主要是针对难以履行的合同关系，因此，当裁判者需要免责或者部分免责结果时，便将“疫情”作为不可抗力；当裁判者需要调整或者变更合同内容时，便将“疫情”作为情势变更。[①] 建纬深圳律师事务所的实证分析显示，其研究的涉及“非典”疫情影响因素性质认定的16份判决书样本中，不可抗力、情势变更、公平原则、经营风险均有不同比例出现。[②] 因此，不论适用公

① 韩世远：《不可抗力、情事变更与合同解除》，《法律适用》2014年第11期。

② 建纬深圳所：《新冠疫情下商业租赁必读：非典疫情租金减免判决统计报告》，“地产与工程法律观察”微信公众号。

平原则、情势变更，都应该根据“疫情”对合同履行不同程度的影响而适用。那么，在本次疫情下，房屋租赁关系到底是否宜减租，就要基于事实，需区分疫情是否对合同履行有重大影响，甚至导致合同履行不能，以此进行法律适用。以下进行详细分析。

【律师建议】

在现有立法框架和司法实践中，判断疫情影响下是否能够对房屋租赁合同进行调整或解除，承租方在法律上能否获得利益的弥补或责任的减免，归根结底，要看本次疫情的发展是否改变了原有的合同基础，是否导致了继续履行合同发生明显不公、履行不能。如前文所述，我们认为援引不可抗力的目的在于免责，援引情势变更或公平原则的目的在于重新谈判或调整。在当前情势变更与不可抗力并行的二元规范模式下，立法者追求的制度上泾渭分明并未在实践中产生同样的效果。① 对于疫情下房屋租赁合同履行问题，不应简单关注疫情是不可抗力，还是情势变更，而是应着眼于签订合同基础的变化和合同目的的实现。而在民事审判实践中，要着眼于“公平”的价值追求和“均衡”利益的矫正正义。基于此，我们提出如下见解，以供大家参考。

一、疫情直接影响合同履行，可要求减免疫期租金

疫情导致房屋所在区域依法被封锁，造成房屋的使用功能受限，比如武汉封城，或者政府明令禁止开业的区域或场所，如电影院、KTV、体育

① 在江苏省丹阳市人民法院“（2003）丹民初字第2371号”民事判决书中，法院认定，承租方受到“非典”疫情影响，未能正常经营，从而使其履行合同能力受到了极大影响，出现了情势变更，未能及时支付租金，现在“非典”疫情已过，只要承租方能够正常经营并且及时付清房租，合同继续履行不仅不影响出租方合同目的的实现，也会使承租方经营三年的目的得到实现，为鼓励交易，并且平衡各方利益，法院对出租方要求解除合同的诉讼请求不予支持。

馆、健身房等聚集型活动业态，直接导致租赁房屋使用的功能严重降低，或房屋不能正常利用，此行为影响了租客的利益，可援引公平原则、情势变更或不可抗力，要求相应减免部分租金，甚至解除合同。

二、疫情未直接影响合同履行，无权要求减免租金

对非封锁、限制的区域，或者非封锁、限制的行业，并不因疫情影响合同的履行的，合同应继续按约定履行，当事人无权主张调整合同或免除责任。如商业广场的服装店、餐馆、图书室等业态，并未明令禁止开业，无权强行要求减租；或虽处于疫情封锁区域内，但并未影响合同履行，比如未受影响的住宅、厂房、仓库，则不应减免租金。

三、疫情直接影响是判断的一个重要标准，何为直接影响

直接影响，是指一个民事行为或情势，与民事结果具有直接关联、因果关系，而间接影响必须是结合、依附其他行为或情势，才能形成一个民事后果。比如，疫情期间 KTV 被政府明令禁止开业，有直接关联和因果关系，此为直接影响；KTV 旁边的餐厅因 KTV 被停业，而营业收入锐减，收入锐减的直接原因是 KTV 停业，政府禁令对餐厅收入锐减即为间接原因或影响。笔者认为，如为直接影响，则可对合同进行相应调整或免责，如为间接影响，按照当前法律规定，则很难计入可调整或免责的范围。

四、公序良俗是法律基础

在当前形势下，共度时艰，以和为贵，不仅是道德标准，也是善良淳朴的中华民族的优良传统。依据《中华人民共和国民法总则》第八条关于

“公序良俗”的规定，疫情影响下的房屋租金调整不仅是法律问题，也是公序良俗的要求，是维护社会关系和谐稳定的问题，情法交融，彼此相通。因此，当前疫情，虽系间接原因但确实导致合同履行中的重大困难，不利于合同的顺利履行和社会的和谐稳定，裁判者亦可依据自由裁量权做适当调整。

总之，面对当前严峻的疫情，全国人民要在党的坚强领导下团结起来，民商事法律关系参与者，都要互相理解，互相帮助，互相扶持，明白“覆巢之下焉有完卵”的道理，让我们一起共克时艰，相信明天会更加美好。

小议非上市企业股权激励基本操作规范

摘　要：随着公司股权的日益分散和管理技术的日益复杂化，世界各国的大公司为了合理激励公司经营管理人员，创新激励方式，纷纷推行了股票、期权等形式的股权激励机制。2005 年 12 月 31 日，证监会发布《上市公司股权激励管理办法》（2006 年 1 月 1 日开始施行），标志着我国股权激励机制的正式建立。但股权激励是一种较为专业的操作方式，如果设计不够合理，非但不能达到预期的激励效果，还会造成激励不足、激励过度等情况，进而损害公司与投资者利益，甚至造成公司僵局等重大的负面影响。本文试图通过简单分析非上市公司的股权激励模式（包括有限责任公司和未上市的股份有限公司）探讨股权激励层面公司治理的基本模式。

关键词：股权激励　公司治理　非上市企业

一、股权激励概述

（一）股权激励的概念

股权激励是指给予企业经营管理者一定比例的股权或限制性股权，使他们能够以股东的身份参与企业决策、分享利润、承担风险，以激励其长期勤勉为企业服务的一种企业管理措施。[①] 现阶段，股权激励模式主要有

① 苏坤：《管理层股权激励、风险承担与资本配置效率》，《管理科学》2015 年第 3 期。

股票期权模式、限制性股票模式、股票增值权模式、业绩股票激励模式和虚拟股票模式等。目前，我国已颁布《上市公司股权激励管理办法》（2006年1月1日施行），2009年5月中国证监会颁布《股权激励有关事项备忘录1号》与《股权激励有关事项备忘录2号》，对上市公司股权激励的有关事项进行了规制。

（二）股权激励的作用

股权激励是企业管理制度、分配制度乃至企业文化的一次重要的制度创新，无论企业的形态和资本结构如何，无论是否是上市公司，都有必要建立和实施股权激励机制。概括起来，股权激励的作用主要体现在以下几个方面。①

一是可以建立企业的利益共同体。股权激励可以使企业与公司员工的个人利益趋于一致，形成以经济利益为纽带的利益共同体，具有共同致力于股权价值最大化，追求企业盈利能力的导向作用。两者共同按比例分享企业经营成果，并承担企业经营管理过程中的风险。

二是起到业绩激励的作用。激励型股份无法取得一个完整的股东法律地位，只是一部分分红权或者一部分增值权。但股权激励的好处在于，实施股权激励后企业的管理人员和技术人员成为公司股东，具有分享企业利润的权利，这种方式具有极强的导向作用，会大大提高管理人员、技术人员的积极性、主动性和创造性。同时，股权激励也可以促使公司改善治理结构、降低代理成本、增强团队凝聚力，从而提升经营管理效率，增强企业的市场竞争能力。

三是可以约束公司管理者的短视行为，提高企业的竞争能力。股权激励方式作为一种长期的激励机制，会督促公司管理者关注企业的长远发

---

① 王新、李彦霖、毛洪涛：《企业国际化经营、股价信息含量与股权激励有效性》，《会计研究》2014年第11期。

展，由此弱化经营者的短视化行为。同时，股权激励凸显的是强者恒强，促优汰劣的竞争模式，是在市场竞争日益激烈的生存环境下，所能选择的一种较好的激励机制，对于企业的长久、持续发展具有明显的推动作用。

四是可以留住人才、吸引人才。实施股权激励计划，有利于企业稳定和吸引优秀的管理人才和技术人才。这一点在非上市公司的股权激励计划中尤为明显。经济学理论认为：企业越有价值，个人价值就越大。但个人的人力资本价值，最终是要被股权化以后（物质化），才能真正实现个人价值。这也是股权激励的核心作用。

（三）股权激励的问题

股权激励有上述巨大优势，并不代表股权激励是完美无缺的，更不代表任何一家公司都可以并适合实施股权激励。操作不当反而会得不偿失。股权激励的不足之处主要体现在如下几个方面。

首先，在实施股权激励的时机问题上，并不是任何时间都适合做股权激励计划。当时机不成熟或仓促上马股权激励措施时，不但难以产生预期的激励效果，而且容易产生经营管理层最大化自身权益的副作用，从而增加内耗，降低企业效率。

其次，在公司治理不完善的情况下，股权激励实施方案设计容易存在漏洞，使股权激励普遍趋近于各种类型的变相奖金，甚至失去激励效力。或者会通过降低股权激励设定条件，使被激励对象轻易获取股权激励，把股权激励演变成为股权分红。

再次，从利润调控角度来讲，收入确认和存货价格确定的可调控性是最强的，这会诱使公司的经营管理层操纵会计利润。[①] 倘若股权激励计划中考核指标也不够完善，比如单纯考核单一的财务指标，也会导致经营管理层过度关注短期财务状况，不利于公司的长远发展。

---

① 赵景文、于增彪：《股权制衡与公司经营业绩》，《会计研究》2005 年第 12 期。

最后，与没有实施股权激励计划前相比，由于没有了股权激励的收入，企业经营管理层年薪大幅度降低。在行业低迷时期，股权激励不仅起不到激励作用，反而更不利于企业在困难时期稳定经营管理层。

二、股权激励的原则与方案

（一）股权激励的原则

股权激励应坚持公开、公平、公正的基本原则，通过事先设定参与人员层级范围和参与条件，兼顾各个主要生产量化价值创造结果的利益群体。同时，应制订严格和规范的企业价值或业绩创造的评价体系，制订实施方案配套的行为约束机制与详细的退出机制，以体现“促优汰劣”、有效激励的效果。

同时，制订股权激励方案，还应当有所侧重，要向能够量化的价值创造者倾斜、向主要经济指标承担者倾斜、向一线实体企业倾斜、向责任承担者倾斜。[①] 此外，制订股权激励方案时还需注意能够和股份制改造、上市 IPO 准备实施方案等相衔接。

（二）股权激励的方案

按照不同的公司形态与不同的股权激励目标，针对非上市公司的股权激励主要有如下几种不同的方案。

第一种是企业经营绩效激励，这种激励方案即管理股，主要适用于有限责任公司。管理股是指企业权益所有者让出部分权益的分红权给经营管理者，具有奖励性质，这部分分红权不需要经营管理者实际投资，不能转让和卖出，不能上市流通。管理股模式的特点可简单表述为“岗在股在，

① 叶陈刚、刘桂春、洪峰：《股权激励如何驱动企业研发支出？——基于股权激励异质性的视角》，《审计与经济研究》2015 年第 3 期。

岗撤股撤，股随岗在，人离股留”。

第二种是企业利润分享激励，这种激励方案即优先股，主要适用于股份有限公司。优先股是国际通行的一种基本股份种类，在分配公司盈利及剩余资产等方面比普通股享有优先权，获得约定的固定股息。优先股可按事先约定的方式进行回购，但不可退股。

第三种是企业资产增值激励，这种激励方案即增资股权，主要适用于管理规范公司。在这种方案下，企业在一定期限内完成一定的资产增值目标，并以当前企业净资产增加额作为基数，按照约定的比例计算，以股权方式支付给经营团队。

第四种是期权激励，主要适用于核心团队持股计划，多见于创业公司适用。这种模式下，如果企业未能在一定时间内上市，则期权长期不能行权，会削弱激励作用（体现为边际效用递减）。当行权人利益受到损害时，容易产生新一轮职务消费和灰色收入。①

第五种是创业员工激励，这种激励方案多以工龄股的方式出现，主要适用于稳定的中小企业。在一家企业中，人力资源基本上可以分为三个层级：核心层、骨干层、操作层。核心层（经营团队）是企业中流砥柱，与企业共命运；骨干层（中层干部、专业技术骨干、特殊贡献者、骨干员工）由于没有决策权，容易对工作产生漂移，因此，是股权激励所关注的重点之一。

三、股权激励的前提与误区

（一）实施股权激励的前提

一是企业产权要清晰，内部权责要明确。这就是说，实施股权激励的

① 徐倩：《不确定性、股权激励与非效率投资》，《会计研究》2014 年第 3 期。

前提条件是企业建立起规范、完善的现代企业制度，使董事会和经理层形成委托代理关系，使公司拥有健全的治理结构与运行模式。[①] 在产权不清晰的状态下，公司股权复杂烦冗，难以确定具体的权益享有者，这种情况下股权激励难以开展。

二是企业成长性较好，具有发展潜力。企业有较好成长性，意味着市场尚未开发或尚未饱和，企业有充足的物质资本和人力资源开拓业务，此种情况下对经营者进行有效的股权激励，会最大限度发挥公司经营者的作用，充分促进企业发展，实现企业经营者价值、股东价值的双赢。

三是企业处于竞争性行业。只有处于竞争性的行业才有必要实行股权激励。[②] 由于经营者面临的市场环境充满竞争，企业只有求新求变才能生存发展。在此时实行股权激励，可以鼓励经营者锐意进取，也可以不断增强公司的竞争力。

（二）股权激励的误区

股权激励并非适用于每家公司，即使是适用股权激励的公司也应当注意股权激励的方案与方法。其原因就在于，每家公司都有其独特的公司治理问题，并不存在适合任何公司股权激励的方案。同时，实践中对股权激励的认知也存在如下误区。

第一是容易造成股权激励成本不高的印象。但实际上，把股权激励的成本作为费用记入损益表，对上市公司净利润的影响是非常明显的。而在非上市公司中，由于无法通过资本市场分摊股权激励的成本，这就需要公司股东承担成本，而且激励成本无法计入企业经营成本。

第二是管理层的考核标准问题。并不能简单地认为考核的标准越高越

① 陈艳艳：《员工股权激励的实施动机与经济后果研究》，《管理评论》2015 年第 9 期。

② 盛明泉、张春强、王烨：《高管股权激励与资本结构动态调整》，《会计研究》2016 年第 2 期。

好。合理的考核指标能够激励管理层努力经营，但又不至于被认为高不可攀而使其放弃努力，而如何制订考核标准向来被认为是股权激励方案设计中的难点问题。因此，可以参照同行业，设定适合本企业的财务和非财务指标。

第三是容易忽视对经营者的信用审查问题。职业经理人市场供求关系十分不平衡，优秀的职业经理人往往会成为多家企业的追逐对象，这就容易导致公司忽视经营管理者的信用审查问题。而一旦出现市场监督失效的情形，某些职业经理人对职业道德忽视的恶果就会显现，进而给企业带来重大危害。①

四、企业股权激励设计

如前所述，股权激励的重点对象是公司的高管和核心专业技术人员队伍，但每个企业的具体情况都不一样，举例来说，当一家公司的成立时间较短时，高管和核心专业技术人员进入公司的时间也会较短，或者高管和核心专业技术人员年龄偏大，类似情况都会导致股权激励计划的实施效果不明显。因此，“对症下药”“有的放矢”就显得尤为重要。

（一）激励对象的选择标准

股权激励计划的对象，应同时满足以下条件。

1. 公司中的高层管理人员（含公司董事、监事、总经理、副总经理、财务负责人及中层干部）；

2. 由董事会确定的未担任中层的核心骨干、技术人员；

3. 已在公司工作五年以上；

4. 年龄限制上男性不超过45周岁，女性不超过40周岁；

---

① 胡士强：《股权激励，请绕开这些误区》，《人力资源》2018年第2期。

5. 参与股权激励的总人数不超过 20 人。

（二）管理机构的问题及细节

公司股权激励计划实施后，会新增大量的股权管理工作，涉及人力资源、薪酬分配、业绩目标制订、考核等多个方面。因此，建议设立专门的股权激励管理部门，来负责相关日常工作。

同时，为了增加对股权激励对象的约束，建议实际控制人配送的股权由实际控制人与激励对象签订《公司股权期权协议书》，规定配送的股份只有分红权，必须在服务一定年限或完成一定工作业绩后，才可正式办理行权手续，在行权前仍由实际控制人保留所有权。

五、股权激励实施步骤和核心内容

实践中，构建有效的企业股权激励方案，应当至少包含以下六个方面的内容。

（一）激励模式的选择

第一，激励人数。如激励人员超过 20 人，则不宜采用实股的形式，尽量采用虚股形式，如采用实股，则应设立有限合伙持股平台，避免股东人数过多，造成决策困难。

第二，对公司控制权的影响。如实行股权激励，会导致公司股东控制权变化，应采用虚股或持股平台进行控制。

第三，企业经营状况和财务状况。如企业经营状况和财务状况良好，则不需激励员工支付对价的激励计划，反之，则应考虑对价问题。

第四，公司所处的发展阶段。在初创期，应考虑实施不需要员工出资，但又具有吸引力的计划，可实施如奖励股份、赠予股份或技术入股的方案；在发展阶段，应选择力度较大且需支付对价的模式，如股权期权方案；在成熟阶段，不宜给企业增加太大的成本，宜采取增量股权激励模式；在衰退阶段，企业要保住关键岗位人员，此时宜实施岗位分红权的模式。①

第五，公司的所有制性质。民企可以灵活选择股权激励模式，但国企一般只能选择增量分配的股权激励模式，而不是存量分配模式。

（二）选择激励对象、确定激励额度

激励对象应选择对公司发展起关键作用的人员。而激励额度的确定问题则是股权激励中的核心内容，如何根据企业的实际情况，科学、量化、公平、合理地确定单个激励份额是股权激励过程中的重中之重，应着重考虑如下因素：一是法律法规的强制性规定；二是企业股东的让与意愿；三是企业的整体薪酬及福利安排；四是企业的净资产与规模；五是拟激励的人数。

此外，在确定单个激励的激励额度时，在兼顾公平与效率的基础上，也应当重点考虑法律法规强制性规定、激励对象的可否替代性以及激励对象的职位。可参照公式：单个激励对象的激励额度 =（该岗位分配的激励总额度 × 个人分配系数）÷ 岗位总分配系数。

（三）确定激励标的价格

一般而言，非上市公司股权激励标的的价格设定可以参考以下四种方法：第一种是以注册资本金为标准的行权价格，这种方法适用于注册资本金与净资产相差不大的公司，一般较少采用；第二种是以评估价格为标准的行权价格，适用于注册资本金与净资产相差较大的公司，这种方式对公司利益影响较大；第三种是以注册资本或净资产为基础的一定折扣价；第

① 赵国宇：《股权激励提升企业技术创新的路径与效果研究》，《广东财经大学学报》2015 年第 2 期。

四种是以市场评估价为基础，适用于具有高成长性的公司。

（四）股权激励的来源与时限

对于有限公司，因不能通过回购公司股份用于股权激励，所以股权激励的来源只有两种方式：一是原有股东转让部分股权；二是激励对象通过借款或提供担保的方式增资扩股。而股份公司则可以通过股份回购的方式实施股权激励。

股权激励计划的时限既要达到企业长期激励的目标，又要使员工不会感到遥不可及，确保员工的努力能得到激励的回报。因此应当充分考虑股权激励计划的有效期、授予日、授权日、等待期、解锁期、行权日、行权窗口期和禁售期等时间点。

（五）持股平台与计划的约束条件

持股平台主要有个人、公司、有限合伙、信托四种。而股权激励计划的约束条件也即通常所称的激励对价，主要分为授予条件和行权条件两个方面。公司首先应根据实际情况设置授予条件与行权条件。[①] 行权条件实际上就是股权激励计划所要达到的绩效考核的条件，又分为两类：一类是对激励对象的绩效考核；另一类是对公司的经营业绩的绩效考核，例如净资产收益率、每股收益、净利润增长率等。在设置行权条件时需同时考虑这种两种标准。

（六）股权激励的调整、变更与终止

股权激励实施一定时间后，必然会根据公司发展情况进行调整、变更，甚至可能会出现终止股权激励计划的情况。调整的情况，比如公司因

---

① 陈泽艺、李常青、黄忠煌：《股权质押、股权激励与大股东资金占用》，《南方金融》2018 年第 3 期。

发生资本公积金转增股本、派送股票红利、股权稀释、配股等事项，为维持激励对象的预期利益和保证公平性，公司对激励标的数量、价格进行相应调整、修改。变更的情况，比如公司控制权的变化和激励对象的职务、资格、能力等变化，这些都会引起股权激励计划的变更。终止的情形相对较少，但在公司不够实施股权激励计划资格、激励对象不够获得股权激励标的资格，以及董事会提请股东大会终止等情况发生时，股权激励计划也会相应终止。

综合上述，股权激励并非千篇一律，也非随意为之，更非一劳永逸。股权激励应针对不同公司的具体情况，有针对性地加以实施。对公司进行有效的股权激励，可以使股东利益、高管利益、员工利益和公司利益绑定在一起。因此，为提高公司治理效率、有效保护股东利益，应完善公司相应的股权激励机制，加大公司股权激励的力度，同时健全公司的治理结构，加强公司的治理机制建设。通过制度建设实现公司的长期、稳定、良好、可持续发展。

论有限责任公司股东退出机制之务实构建

摘　要：有限责任公司的股东需按认缴资本出资，股东不能像普通合伙一样要求退伙，也不能直接“开除”股东，导致在现行法律框架之下，当出现经营管理上的分歧等情况时，很难强制股东退出，使公司陷入僵局、决策层分裂，甚至导致公司破产清算。为解决股东退出难的问题，本文从务实角度出发，理论结合实践案例，以期探讨“股东退出”机制的构建。

关键词：公司僵局　股东退出　股权转让　股权回购

一、概　述

（一）股东退出机制的概念

股东退出机制，是有限责任公司依据公司法和公司章程建立的股东退出公司的一种治理制度，股东退出公司，该股东原所持有的股权由其他股东受让或由公司进行“股权回购”。① 具体而言，股东退出，是有限责任公司的股东退出或转让所持公司的全部股权，不再享有公司股权的一种行为。有学者认为“股东退出，是指股东在法定或约定条件成立时

① 股权回购，又称股权回赎，是指公司依照法律规定从股东手中买回自己股权的行为。

收回投资并退出公司的一种法律行为”。[①] 然而，这一观点是值得商榷的。首先，股东退出不一定存在收回投资的结果。其次，股东退出，不仅指股东基于自愿前提下的股权转让退出，还包括股东被动退出公司的情形。

（二）有限责任公司“股东退出难”的典型情形

1. 股东违约不按出资协议、公司章程履行投资义务

如果某些股东没有履行出资或投资、增资义务，在公司对外负债的情况下，全体股东都有可能就该未出资股东的未出资过错，向债权人承担责任，进而直接导致公司资金紧张、经营困难，然而，守约方股东却难以直接让该股东退股或减股。

2. 股东实施违法和违反章程规定的禁止性行为

当担任公司管理层的股东实施违法犯罪行为，例如职务侵占、挪用、职务受贿、侵害或泄露公司重要秘密等，或违反忠诚义务损害公司利益，违反竞业禁止义务，公司章程或股东协议中又没有设置相关的股东除名机制，就会导致公司遭受难以弥补的损失。

3. 投资方与管理层股东的利益冲突

在新设公司或者接受财务投资的公司中，若财务投资者[②]（如天使、风投等）持股比例过高，实施经营者、管理层的持股比例过少，就会导致公司发展之后股权比例失调，产生利益分配上的矛盾。

4. 创业公司股东需退出的几种情形

创业公司的创始股东一般掌握公司的核心技术、知识产权、资源，并

---

① 唐忠辉：《有限责任公司股东退出机制法律问题研究》，兰州财经大学硕士学位论文，2013年6月。

② 财务投资者，是通过去投资行为取得经济上的回报，最大化短期获利的投资者，其本身一般并不参与企业的经营管理。参见宋云鹏、魏加宁：《战略投资者与财务投资者投资行为比较：基于合作博弈 Shapley 值的分析》，《数学的实践与认知》2013年第23期。

担任公司董事长、总经理等高管，如其丧失合格管理者身份，其股权理应退回，如：①离职。②离婚。创始人股东的婚姻变故可能导致股东变更或公司实际控制人变更。为此，一些投资机构甚至要求“公司创始人的婚姻变动须经公司董事会批准”，此系所谓“土豆条款”。[①] ③失去民事行为能力。④死亡。⑤犯罪限制人身自由。⑥因个人失信[②]被列入信用黑名单。⑦签订“业绩对赌条款”[③] 未达预期等情况。

由此，公司股东享受法定的股东权利，很难实现股东被动的退出，那么“防患于未然”，设置股东“退出机制”，是解决股东退出困境的必然选择。

二、“股东退出”机制之法律依据

依据现行《中华人民共和国公司法》（以下简称“公司法”）及最高人民法院相关司法解释，有限责任公司股东退出的合法路径，一般包括股权转让、要求公司回购、公司减资、股东解散公司等方式，这也是设计股东退出机制的法律依据。

---

① “土豆条款”是在土豆网原首席执行官王微与配偶杨蕾离婚事件后，投资界总结经验教训提出的。

② 《国家发展改革委办公厅 人民银行办公厅关于对失信主体加强信用监管的通知（发改办财金〔2018〕893号）》第八条规定，追溯失信单位负责人责任，建立失信单位负责人责任追溯制度。法人和非法人组织被列入黑名单和重点关注名单的，要对其法定代表人（或主要负责人）和负有责任的相关人员进行问责，将法人和非法人组织的失信信息作为评价其法定代表人（或主要负责人）和负有责任的相关人员信用状况的重要依据，纳入个人信用档案，并共享至全国信用信息共享平台。在对失信单位实施联合惩戒的同时，建立对其法定代表人（或主要负责人）和负有责任的相关人员的联合惩戒机构。

③ 对赌协议是一种估值调整机制（Valuation Adjustment Mechanism，VAM），是投融资双方达成融资协议时，基于未来可能出现的不同情况对双方权利和义务的约定在双方约定评判标准之后的一种动态的价值调整机制。参见王振家《中国企业对赌协议的动机和经济后果研究》，首都经济贸易大学硕士学位论文，2013年5月。

（一）股权转让

“公司法”第七十一条规定，有限责任公司的股东之间可以相互转让其全部或者部分股权，公司股东可通过股权转让的形式，实现股东的退出。

（二）股权回购

依据“公司法”第七十四条的规定，如存在法定情形，股东可请求公司按照合理价格收购其股权，另外如公司章程和股东投资协议有约定，不违反强制性法律规定，笔者认为应是具有法律效力的。

（三）公司减资

“公司法”第三十七条规定：“股东会行使下列职权：（七）对公司增加或减少注册资本作出决议。”由此可知，股东会可以在该股东自愿的前提下，通过减少该股东的注册资本，从而达到该股东退出的目的。

（四）解散公司

依据“公司法”第一百八十条、第一百八十二条规定的情形，比如出现公司营业期限限制、公司被吊销、责令关闭、分立合并等特殊情况，或者经营管理发生严重困难，可请求依法解散公司。

（五）除名退出

根据《最高人民法院〈关于适用中华人民共和国公司法〉若干问题的规定（三）》第十八条的规定，有限责任公司股东未履行出资义务或抽逃全部出资，经公司催告缴纳或者返还，在合理期间内仍未履行的，公司可将该股东除名。

三、股东退出机制之务实构建

从我国“公司法”对公司的设立、法人治理结构、议事规则的实践设计层面看，其人合性远大于资合性，体现了公司股东结构闭锁性的特点。[①] 针对“不合群”股东难以退出的情形，在不能自愿协商股权转让，公司又不符合解散清算等情形时，必须事先建立股东退出机制，以解决股东退出难的困境。笔者认为，公司建立股东退出机制，需遵循如下四个方面的基本原则。

（一）股东退出机制：强调制度设立先行

公司章程是“意思自治原则在‘公司法’领域的具体体现，作为公司内部治理的总章程，其科学合理程度直接决定着公司的治理水平。在制订公司章程时，应当构建完善的股东退出机制，对将来公司经营管理过程中可能产生的股东退出情形事先做出规定”。[②] 投资协议是各方股东的明文契约，公司章程备案在工商局，是公司管理制度的“宪法”，具有法定权利和权威性。构建股东退出机制，首先应在股东投资契约、公司章程中明确约定，这是对股东权利的保护，也是对股东权利的限制，必须由股东出于自愿的前提下的承诺，出资协议中必须予以明确承诺。公司章程是公司制度性的最高权力制度性文件，因此章程亦应明确规定股东退出的内容，以保证公司适用该项制度。除此之外，还可以在公司的《股东会议事规则》《股权管理办法》《规章制度》等文件中明确规定“退出机制”，以及在上述规则制度中制订退出机制的具体执行办法和细则，以保护退出机制的有效运作。

---

① 李建，付毓：《有限公司股东单方减资退出机制探析》，《中国律师》2016 年第 2 期。

② 刘银燕：《有限责任公司股东退出的法律问题研究》，《河南牧业经济学院学报》2018 年第 5 期。

（二）股东退出机制：必须具有合规性和可操作性

1. 制度设立不得违反法律强制性规定

公司设立“股东退出”机制，不得违反“公司法”关于股东权利的强制性规定，如“公司法”第四条规定：“公司股东依法享有资产收益、参与重大决策和选择管理者等权利。”亦不得违法对股东“除名”、变相“架空”损害股东权利。不得侵害股东的个人人身权利，比如《中华人民共和国婚姻法》中离婚男女双方对婚内财产的平等分割权，又如《中华人民共和国民法总则》规定的民事主体的基本权利，结婚权、继承权等基本权利，不得限制股东或股东家属对股权的分割和分家析产、继承的权利，对虽涉及刑事犯罪，但未限制人身自由的股东，强行除名等不合理做法等。除不得违反法律强制规定外，还不得损害公司或债权人的权利。合性法，是保障退出机制合规、合理的良性制度。

2. “股东退出”制度需具有可操作性

如规定未按约“出资”或违反出资协议、犯罪或信用严重影响公司运作的股东，或章程其他特别规定的情形，需要该股东“退出”股东会，需尽量将“依据章程、协商妥善”作为基本原则，比如，以合理价格，由公司回购或由公司其他股东受让，或者由公司减资进行，避免以召开股东会决议直接“除名”的方式。而解散公司、破产清算是以损失公司为代价的无奈之举，对公司和股东而言，都是“玉石俱焚”的灾难性后果。因此，设置退出机制，应尽量体现自愿、公平、合理的基本原则，在自愿基础上适用股权转让、公司回购等方式，避免强制性、硬性的除名，诉讼方式退出。

（三）退出股权对价，应体现奖罚差别原则

设置股东“退出”的合理对价，包括公司回购的对价，也是股东退出机制的核心内容。股权回购，该制度能够调整公司资本结构和股权结构，

满足其长期经营的需要，维持公司稳定，保护股东利益，[1] 因此设置合理的退出对价机制，是实现股东退出机制的重要组成部分。股东“退出”时的股权无论是基于协商解决的自由转让，还是依据制度实施的强制回购，受让方需给予合理的对价，承认退出股东的历史贡献，同时对于违约、损害公司权益、未达到业绩标准等有损公司利益的股东，应相应降低其对价或零对价，实行有差别的对价标准，鼓励对公司有贡献者，处罚损害公司利益者，为了防止股东退出公司却不同意退出股权，可以在规则中设定较高的违约金，增加违约成本，对于可通过协商自愿转让股权的，可予以一定溢价奖励。

（四）完善公司治理，是建立退出机制的基础

公司需完善治理结构，这是有效执行退出机制的基石，公司除了要完善公司的治理机制、构建高效的治理机构之外，还要实现公司股东会与董事会、总经理的管理层分离、分权，“承担有限责任的股东应当将公司的经营管理权让渡给公司经营者（董事会、总经理），否则，股东滥用有限责任可以预见必然会发生。因此，现代公司出现了所有权与经营权相分离的情况，这也正是公司治理的理论基础。”[2] 同时公司领导管理层要倡导和贯彻企业文化，重视公司企业文化的建设，“企业文化既是企业改革发展的强大精神推动力，也是创新企业思想政治工作的有效途径。”[3] 公司的实际控制人、股东会，要依据“公司法”、公司章程，建立按“规则出牌”治理文化，倡导依制度治理公司，保障股东会、董事会按章程规定的规则规范做出决议，形成公司制度文化，避免专权、“一言堂”，作为公司治理机制的重要部分——股东退出机制，

① 毋济民：《我国有限责任公司股权回购法律制度研究》，昆明理工大学硕士学位论文，2018年5月。

② 唐渊斌：《论我国公司治理中监督机制的完善》，《法制与经济》2017年第8期。

③ 周凡卜：《企业文化建设与提升企业竞争力论析》，《中国商论》2019年第1期。

只有得到公司法治文化、规章制度的支撑，才能有效运作，实现制度设立的初衷。

四、结　语

实践中，常常出现股东恶斗、股东会僵局、股东退出难等现实问题，公司需要设置股东退出机制，以保护公司的利益，也有利于各股东争议的解决。总之，设置股东退出机制，也是完善公司治理机制的重要部分，对于保障公司持续、健康的发展具有重要意义。

我国现代企业全面法律风险管理

摘　要： 随着全球化、信息化和现代化进程在世界范围内的不断深入发展，中国企业作为市场经济的主体，自然会在这种大背景下首当其冲，其所面临的各种法律风险也会与日俱增。在现代经济全球化的过程中，企业间的竞争态势日益严峻，各个国家的监管环境也越来越严密，这使得企业所面对的不确定性风险增大。其中，我国企业法律风险就是企业经营风险中的一个重要方面，企业因为法律风险防范失当而破产、倒闭、严重亏损的情况屡有发生。因此，如果要成为我国市场经济大潮中具有竞争优势的企业，达到企业经营的目标，就必须高度重视企业法律风险，根据现代企业需要，进行全面法律风险实务管理。

关键词： 企业　法律风险　风险控制

一、企业法律风险概述

（一）企业法律风险的概念

企业法律风险的概念从提出到现在已经历经十多年的时间，如今已成为一个专有名词。法律风险管制是企业规范的管理制度的重要组成部分。根据国家标准化委员会《企业法律风险管理指南》的规定，企业法律风险是指基于法律规定、监管要求或合同约定，由于企业外部环境及其变化，或企业及其利益相关者的作为或不作为，对企业目标产生的影响。[①] 概括地说，企业法律风险其实就是指在法律实施的过程中，由于行为人做出的具体法律行为不规范而导致的，与企业所期望达到的目标相违背的法律不利后果发生的可能性。法律风险不等于违法风险，但所有导致法律风险的行为都具有不规范性。[②] 企业法律风险在外延上与企业的经济活动和经营管理密切相关，它泛指企业在经济活动和经营管理中可能发生的一切法律风险，包括企业管理人员违法犯罪风险、合同法律风险、知识产权法律风险、企业侵权纠纷法律风险、劳动关系法律风险等多种风险。

企业法律风险管理根植于企业风险管理的相关理论，有独立的法学理论、法律法规和司法实务作为支撑，同时也借鉴了管理学、经济学、统计学等诸多交叉学科的分析框架和工具，并将其运用于法律风险的管理过程之中。因此，企业法律风险管理体系是一个涵盖了法律风险识别、法律风险评价、法律风险控制、法律风险机制测评等几个方面的动态循环体系。[③]

（二）企业法律风险的发展历程

企业法律风险的发展历程，大致可以分为两个阶段。

第一阶段是20世纪30年代至80年代。这个时期，风险管理思想开始萌芽（30年代），并以科学形式发展起来（50年代至70年代）。风险管理思想首先在美国获得广泛发展，随后在欧洲、亚洲、拉丁美洲传播开来。但在这一阶段，大多数企业的风险管理形式较为单一，多数情况下只是指信用风险管理。也就是说，企业多是通过提供财产担保或者购买其他保险公司担保这种形式来转移企业的风险，在这一阶段尚未发展出其他的法律风险规避形式。直到进入20世纪80年代以后，企业风险管理才逐渐多样

① 国家标准化管理委员会《企业法律风险管理指南》（GB/T 27914—2011）。

② 邓天国：《试论企业法律风险的防范与控制》，《川化》2007年第2期。

③ 任伊珊，周悦丽：《谈我国企业法律风险管理及其体系构建》，《北京行政学院学报》2012年第2期。

化起来，企业主开始针对投资风险和财务风险进行更加科学、专业化的管理。

第二阶段是进入20世纪90年代以后，也就是目前世界企业界的管理学发展情况。随着经济全球一体化的持续发展，企业外部环境也不断发生变化，尤其是各国法律环境的修订、变化，使企业所面临的不确定性也在这种国际化的大背景下陡增。在这一阶段，一些新的企业风险管理的概念、模式、方法等不断发展、产生，随后，美国政府先后发布《COSO内部控制整合框架》（ICIF）、《萨班斯法案》以及《企业风险管理—整合框架》等文件以应对这一新状态。

（三）我国企业风险管理制度的发展

我国企业风险管理制度的发展，很大程度上是由政府主导、企业协会推进、法律服务机构协助支持。近年来，全国人大先后出台诸如《中华人民共和国安全生产法》《中华人民共和国公司法》《中华人民共和国证券法》等大量涉及风险管理的法律法规。2006年6月，国资委下发《中央企业全面风险管理指引》，该指引较为详细地介绍了中央企业的法律风险管理方法，要求企业从制度层面加强企业内部控制，对我国企业深入开展风险管理工作具有重要的指导意义。2007年3月，全国工商联合会发布《关于指导民营企业加强危机管理工作的若干意见》，专门对民营企业的法律风险管理做出指导，进一步提高了我国企业的法律风险管理意识，推动了我国企业开展企业全面风险管理的进程。中华全国律师协会、中国企业联合会，都积极开展法律服务工作。

但是，我国国内目前对企业法律风险，尤其是对中小企业法律风险的研究，企业家重视的程度还不够，原因是多方面的：一是我国法制建设还不健全，法治环境不理想，企业家、市场主体的法律意识不强；二是法律规范虽然有规定，但执法环境需要加强和健全，有些企业权益受损，缺乏法律保护，导致企业本身对法律信心不足。另外，从法律技术层面来讲，主要表现为两个方面：第一，对国外企业法律风险研究成果引进不多，翻译资料匮乏，对国外法律风险测评指标、技术、手段及防范对策的研究和推介极其不够。第二，国内目前对企业法律风险的研究大多局限在单一学科的平面研究及零星案例的局部研究，缺少对企业法律风险研究的系统归纳和分类，且多停留在法学层面的研究，对其内在机理尚未充分深入挖掘。

而在现实市场经济发展中，中小企业的法律风险相较于大企业表现出更多的问题。中小企业在内部管理、制度建设、资金财力、风险防范能力等方面更不健全，甚至脆弱。因此，这对我国中小企业的发展不利，也将会严重损害企业竞争力。①

二、我国企业法律风险的特征

近年来，国内一些实力较强的企业（如中海油、中石油、中石化、阿里巴巴、华为、中兴、中建集团……）相继走出国门，开展跨国投资与经营活动。我国企业能够积极主动地参与全球化背景下的国际贸易，既是中国企业参与全球化意愿的表达，也是其自身竞争能力突出的体现。但相应而来的，是在这样一个国际化的市场背景下，对企业法律风险防范要求的提高。这些跨国企业在对外投资的过程中，既可能会面临诸如征收、税收、环境责任、劳工保护等东道国公法层面的、强制性的约束与限制，也可能会面临东道国的私法层面的限制，比如合同欺诈、第三者责任风险等。这种法律风险将进一步加强，2018 年出现的中兴公司被美国政府处罚一案，就是典型的案例。面对这些可能的法律风险，采取全面、务实的管控措施，是对外投资贸易的必经之路，也成为增强企业国际竞争能力的必要条件。

---

① 吕景胜：《我国中小企业法律风险实证研究》，《中国软科学》2007 年第 5 期。

（一）企业法律风险的必然性

法律风险并不是一个独立的风险，它与信用风险、市场风险、运营风险相互关联，互为因果。因此，若对上述风险处理不当乃至坐视不管，这些风险均可能以法律风险的形式表现出来。也就是说，企业法律风险是市场主体不可避免、必然面对的。

（二）企业法律风险的可控性

企业一旦发生法律风险，将严重损害企业的竞争力，危及信用链条及信用环境。另外，企业的法律风险本身是可控的，提前规避与预防企业法律风险，将会在很大程度上减少企业日后可能承担的法律后果与权益损失，从而间接增强企业的竞争力。[①] 现代企业所面临的问题之一就是风险防范意识不足，企业常常将法律风险控制问题作为事后补救的措施与手段，且多是在诉讼发生时才开始关注，这实际上会增大法律风险的防范成本，对于企业来讲得不偿失。所以企业要防微杜渐，只有提高风险防范意识，将风险控制手段放在事前与事中，才能不断增强企业竞争力，释放企业活力。

企业法律风险本身的可控性与必然性使得企业风险防范显得尤为重要。可以说，法律风险防范是企业的助推器，只有制订科学的、可操作的风险防范机制，完善企业的法律风险防范措施，才能不断提高企业的竞争力，为企业的长足、稳定发展保驾护航。

三、我国企业法律风险的来源与分类

企业法律风险的来源，可分为两类，一类为外因型风险，另一类为内

① 刘光：《论我国企业法律风险之防范》，《山东财政学院学报》2008 年第 6 期。

因型风险。顾名思义，外因型风险就是指因企业的外部因素导致的风险，内因型风险是指因企业的内部因素而产生的风险。但实际上，这些法律风险都有其内在联系，也都可以通过相应的风险防控手段和机制加以规制，在降低企业法律风险的同时，也一并降低其他法律风险发生的可能性。

（一）企业法律风险中的外因

企业法律风险中的外因主要包括政治因素、经济因素、法律变动因素、自然因素、第三方行为与意外事件因素等。这些风险都有相应的方式加以控制。

1. 政治风险

企业所面临的政治风险主要表现为东道主国征收、强行收购、投资回报限制等多种形式。其诱因也多为东道国政权更迭、政局不稳定、原有的经济优惠取消、区域经济保护等。企业在合同订立之初就应该对该类风险有所注意与防范，这也是跨国经营中格外需要注意的风险。企业可以通过引入东道主国的资本、加强东道主国的情况分析等途径对该类风险加以防范，尤其是在构建体系化的法律风险防范措施时需要关注该类风险。

2. 法律变动风险

法律变动风险是所有企业都需要面对的风险。由于法律本身的稳定性，一般不会在短期内进行高频大幅度变动。该方面的风险可以由企业的法律顾问进行关注，了解政策变化的规律和动向，从而降低企业面临的该类风险。

3. 对手方或第三方行为风险

对手方或第三方行为风险也是企业要在合同订立或者相关法律关系发生之初就要考虑的问题，要将企业法律风险的防范融入企业的日常经营活动之中。企业应当重点关注对手方的信用状况、交易实力等问题，并认真评估，衡量其中的利弊因素，对于可能产生的第三方也要进行评估，制定必要的风险预防措施。

4. 意外事件

之所以被称为意外事件，就在于其具有突发性与不可预测性，这类事件不能简单地通过预测来获得信息，只能在企业法律风险防范体系构建的过程中对可能产生的意外事件做好紧急备案措施和解决方案，以防止事件发生后出现一时无法应对的情况。

（二）企业法律风险中的内因

企业法律风险中的内因主要包括企业家精神因素、企业员工行为因素、风险防控因素和管理机制因素等，这些与企业法治文化建设有着密切联系。内因风险除了通过管理体系和风险防范体系的建设来进行管控以外，企业的法治精神文化力量显得十分重要。

1. 企业员工行为

企业员工行为既包括员工蓄意损害公司利益的行为，也包括员工缺乏法律意识，在外签订合同或者进行公司业务时遭遇欺诈等。企业员工自身行为可以通过法律体系的健全来加以防范。但归根结底，最主要的还是要加强法治文化的建设，从根源上解决问题，从而防止企业员工的失当行为。

2. 企业家精神

公司的决策人和执行人的行为和重视程序，对企业法律风险的产生与否具有重要影响。当决策人和执行人的行为不适当时（比如，决策人和执行人为了谋求个人利益而损害公司利益），企业的法律风险就会随之产生，并且决策者对企业法治制度的建设和重视，也在很大程度上决定了企业法律风险的走向。要规避这类风险，一方面要健全企业的内部治理体系，通过制度强化公司高级管理人员行为的规范和法治培训；另一方面要培植、加强企业的法治文化建设，提高企业高级管理层的法治意识。

3. 风险防控机制和水准

企业的风险防控制度与标准水平与企业对法律风险防范的态度有很大关系，当企业对法律风险防范给予极大关注时，在风险发生时的应对措施也就必然得当。这就要求企业在整体的运作过程中，不断加强企业内部的法治文化建设，同时渗透企业法律风险的防控体系，进而降低风险防控缺失所导致的法律风险，推进企业的长足发展。①

四、加强企业法律风险防范机制的优势

制订企业法律风险防范措施的优势，主要体现在三个方面。

首先，法律风险防范有利于企业资产权益的保障和企业业务的顺利发展，换言之，企业法律风险防范直接贡献于企业利润的创造，这被俗称为风险伴随利润原则。

其次，法律风险防范有利于控制和化解企业法律风险，从而降低成本（事先防范的成本远远小于事后补救的成本），并且再次参与对企业净利润的贡献（这主要体现在法律顾问制度的设计上，因此也被称为法律顾问工作原则）。

最后，法律风险防范有利于规范和完善企业管理，稳定核心管理层和员工队伍，建立起企业的长效发展机制。

五、我国企业如何建立法律风险防范机制

近年来，诸如平安集团、中兴、长虹、华为等国内一些知名的大企业都曾遭遇国内、国外法律风险的困扰，使企业的发展和海外投资贸易面临

① 刘光：《论我国企业法律风险之防范》，《山东财政学院学报》2008 年第 6 期。

严重危机。国资委黄淑和老师曾在某企业法律风险防范国际论坛上的讲话中谈道：“法律风险一旦发生，企业自身难以掌控，往往带来相当严重的后果，有时甚至是颠覆性的灾难。”那么我国现代企业，应如何建立务实有效的法律风险防范机制？

（一）建立体系化的企业法律风险防范机制

“上医医未病之病，中医医欲病之病，下医医已病之病”。创建企业风险管理体系的目标就在于防范“未病之病”，处理“欲病”和“已病之病”。

企业法律风险并不仅存在于事发之后，而是存在于企业的整体营运过程中，甚至在企业创设之初就存在着各种法律风险。所以企业法律风险防控并不仅指事发之后的处理方式，而是说其应贯穿于企业的全部营运过程中。因此，企业的法律风险防范应是一个动态的体系化的防范机制，有学者认为，法律风险体系，一般包含事前预测、事中控制、事后补救三方面。

根据（COSO－ERM）及《中央企业全面风险管理指引》的要求，建设全面风险管理体系，其重中之重，实际上是建立一个以公司治理为基础，以业务运作单位、风险管理单位、内部审计单位三方面（或称三道防线）构成的全面风险防范组织框架。其中，业务运作单位在日常工作中处于风险防范的第一线，企业必须把风险管理的手段和内控程序融入业务运作单位的业务工作流程中。风险职能管理部门是第二道防线，是建立在业务单位之上的更高层次的风险管理防线，主要由风险管理部门、法律事务部门、投资审批委员会、信贷审批委员会等部门组成。第三道防线则为公司的内部审计部门和董事会下设的审计委员会。

（二）设立总法律顾问制度

除构建适合本企业的法律风险管理体系外，另一个重要的风险防控措施就是设立企业总法律顾问制度，聘请资深律师主管负责，从宏观上协调、管理企业的法律风险。①

在我国，设立总法律顾问制度的企业占比还相对较少，法律顾问的作用也总是容易被低估。但实际上，企业设置法律风险防范总法律顾问是很有必要的。原因有三：首先，总法律顾问在风险真正发生之前有话语权，不至于由于企业决策中话语权的缺失而导致企业面临法律风险。其次，总法律顾问能兼顾与协调公司各个部门之间的利益，会对企业整体利益进行宏观考虑，不会只考虑某单一部门的利益谋求，从而将企业置于法律风险之下。且总法律顾问能在全局观念下统筹企业法律风险，是风险防范的较优选择。最后，相对于企业内部的员工，总法律顾问具有不可比拟的专业性优势，能通过研究与企业相关的法律的变动情况，在企业整体的法律风险体系创建过程中给出专业性意见，实务中，总法律顾问应列席董事会的会议。

据世界大型企业联合会的调查，48% 的美国企业、29% 的英国企业、21% 以上的其他发达国家企业特别是大企业都设立了企业总法律顾问。总法律顾问的设立对企业长期、健康、稳定的发展有重要意义，对企业的社会责任履行、企业信用保障、企业良性发展都有着不可替代的作用。因此，设立企业总法律顾问是非常重要的。

（三）重视企业法治文化建设

企业法治文化是企业法律风险防范的灵魂，是确保企业可持续发展的内在源泉，也是推动企业可持续发展的不竭动力。法治文化归属于意识形态领域，是一种内在观念与文化象征，是物质世界发展到一定阶段的产物。企业家的法治意识与法治观念对于企业法治文化的形成具有重要意义。因为唯有企业家关注企业法治，才能开展好企业内部法治文化的建

① 国资委：《2010 年央企力争全部建立总法律顾问制度》，《中国工程建设通讯》2008 年第 9 期。

设。这便是一个企业由“人治”向“法治”推动的过程。也是企业做大做强的必然过程。

1. 企业法治文化本身会降低企业法律风险

企业法治文化使全体职工在认同企业文化的基础上形成一致的行动，从企业领导层到企业员工都能按照同一价值规则行事。企业家通过在日常的商事交往中展现出来的严守法度、合规办事、尊重契约、诚信待人等诸多方面的良好品质，可以为企业上下全体员工作出表率，形成示范作用，为企业法治文化的形成提供良好的样本以参照。企业法治文化的建设将直接降低企业面对的法律风险。减少对手方或者其他第三方可能对企业造成的伤害，也会减少企业员工故意对企业进行欺诈等不当行为的企业法律风险。

2. 企业法治文化能推进其他防范措施的实施

企业拥有良好的企业法治文化，可以为企业法律风险防范体系的建设提供积极有利的环境，有利于保障前述的技术防范手段以及风险防范体系的构建与落实。同时，良好的企业法治文化，还会成为企业员工的内在价值标准与共同信念，为企业员工在实施该类防范手段以及防范措施时提供价值尺度与标准，这既可以淡化、减少企业部门间可能存在的矛盾，也可以成为构建企业法律风险防范体系的正向能量。

3. 企业法治文化是其他防范措施的内在与补充

实体性的风险防范措施在制度层面为企业发展提供了保障，但也有其内在的局限性，容易产生呆滞、僵化等问题。同时，如果缺少了法治文化的观念，制度层面的规定往往会引发抵触情绪，使规定浮于表面，难以执行。而企业法治文化因其具有精神性的特点，能有效弥补这一制度性的缺陷。当制度层面的企业法律风险防范措施不能有效应对某些问题的发生时，企业法治文化中所蕴含的精神力量就会发挥作用，成为企业法律风险防范的重要补充。

正如著名法学家江平先生所言："市场经济下面，企业所面临的陷阱越来越多，在众多的陷阱里面，主要有两个陷阱，第一个是犯法的陷阱，可能造成你坐牢或杀身之祸；第二个是风险的陷阱，签坏一个合同，随便给别人做一个担保，可能就使一个好端端的企业毁于一旦。如何避免这两个陷阱，只有学好法律才能避免。"

如前所述，企业法律风险防范对企业竞争力有着积极的、正向的推进作用。企业要将其自成立到死亡的过程中可能面临的全部法律风险进行深入的思考与梳理，并根据企业的自身情况，构建适合自己特点的法律风险防范体系，并在条件许可的情况下设立企业总法律顾问，从宏观层面对企业运营过程中可能出现的法律风险进行整体协调。另外，当前的法律风险体系不能完全应对企业的法律风险（尤其是突发性的、意外的、不可预测的法律风险）时，企业应当将企业法治文化的理念与原则作为风险处理的标准。唯有如此，企业法律风险防范才能持续推动企业发展，成为企业提高竞争力的一剂良方。

政府采购法律服务推动法治政府进程

摘　要：政府采购法律服务，是指政府利用财政资金，采取市场化契约化方式，面向具有专业资质的法律服务机构，购买法律服务的一项重要性制度安排，有利于依法行政的贯彻与落实。早在1993年，司法部便出台《关于律师担任政府法律顾问的若干规定》，为政府采购法律服务以及聘请法律顾问提供了重要的依据与支持。2019年2月25日中央全面依法治国委员会第二次会议强调，推进全面依法治国，要坚持法治国家、法治政府、法治社会一体化建设，法治政府建设是重点任务，对法治国家、法治社会建设具有示范带动作用。要加强法治政府建设，加强对示范创建活动的指导，杜绝形式主义，务求实效。新时期依法治国，要求建设法治政府，不仅各级政府要坚持依法行政，而且对政府依法行使行政权力提出了更高要求，“杜绝一切形式主义”，而政府在行政执法过程中涉及的法律事务也愈加增多，并且我国社会整体的法律意识不断提升，针对政府行政行为而提起的行政复议和行政诉讼大量增加，政府的法律行政行为亦需市场法律机构的支持，而政府内部设置的部门，如法规处、法制办等，因自身性质的限制，已经不能满足政府更加多方面的法律需求，基于上述法治大环境下的内外部因素，政府购买法律服务的行为已在全国推行，但由于政府采购法律服务还在初步实施阶段，存在诸多问题和不足。本文旨在探讨政府法律服务存在的相关问题，提出完善的建议，以期对推动建立健全政府采购法律服务制度有所裨益。

关键词：政府采购　法律服务　法治政府

一、政府采购法律服务的重要意义和作用

我国政府职能主要包括政治、经济、文化、社会等方面，随着我国社会、经济、制度的高速发展和深刻变化，我国政府在行政管理方面承受着巨大的压力，比如频现公共行政合法性案件，城管暴力执法，房地产强制拆迁，医闹，上访拘禁等问题，又如政府在市场管理和服务方面的法律服务问题，比如处理烂尾房地产项目、拆迁谈判、追收欠缴土地出让金项目，政府涉及的行政诉讼、复议等争议案件。总之，我国政府面对行政管理服务的需要，在加强自身建设方面，必然要加强政府采购方面的发展和管理，这样将不断促进我国政府依法行政方面的建设。另外新型法治政府职能理论也将逐步形成，[①] 对于政府采购法律服务方面的建设，因政府作为行政机关，对法律业务既不专业，也无专业机构和人员来支撑，必须要面向市场进行法律服务采购，各级政府采购法律服务主要是面向律师事务所，律师事务所在取得法律服务协议之后，按协议指派律师提供律师服务。事实上，目前政府获取法律服务的途径，主要通过政府购买[②]的方式，政府采购法律服务，已经成为完善我国公共法律服务[③]体系的重要手段之一，对于建设法治型政府、服务型政府具有积极意义。

我国行政机关一向具有强大的行政权，但越强大的权力，越需要约

---

① 童颖华，刘武根：《国内外政府职能基本理论研究综述》，《江西师范大学学报（哲学社会科学版）》2007 年第 3 期。

② 是指政府通过公开招标、定向委托、邀标等形式将原本由自身承担的服务转交给社会组织、企事业单位履行，以提高服务供给的质量和财政资金的使用效率，改善社会治理结构，满足公众的多元化、个性化需求。徐家良、赵挺：《政府购买公共服务的现实困境与路径创新：上海的实践》，《中国行政管理》2013 年第 8 期。

③ 是与国家的经济发展水平相适应的，由政府提供、司法部门负责，提供能够满足人民基本法律需求的公共法律服务。于泓源：《关于推进基本公共法律服务的思考》，《中国司法》2014 年第 4 期。

束，否则就会泛滥，要“把权力关进制度的笼子里”,① 权力只有在理性的规范与制度之下，才能发挥出其应有的良性作用。2013 年国务院办公厅下发《关于政府向社会力量购买服务的指导意见》，2014 年全国律协发布《关于推进政府购买律师服务的指导意见》（以下简称“指导意见”），各省、市、自治区也相继制定政策性文件引导政府购买法律服务行为。我国各级政府在立法、决策及实施行政等行为时，向律师事务所购买法律服务，对约束各级政府的权力、规范政府行政和服务、推动依法行政，具有十分重要的历史性作用。

首先，律师可以通过提供富有建设性和实践性的法律意见，参与地方政府行政立法、重大投资项目谈判、政府招商引资、经济开发区的筹划与建设以及对外商、外资的管理等事项，保障政府机关依法决策、民主决策、科学决策。

其次，律师以专业的法律知识全面为政府行政行为、服务行为的合法性把关，确保政府的行政行为都在法律法规的框架中运行。

再次，政府进行行政授权立法与行政行为之前，听取顾问律师的法律意见，通过律师对决策方案的论证、法律风险的评估以及决策成本的考量，可以最大限度地防范违法行政于未然，避免决策不当带来的执行阻力和社会负面效应。

最后，政府购买法律服务。一方面，扩大法律服务市场，为律师业提供更多与政府合作的机会；另一方面，政府坚持依法行政、依法服务，人民群众、市场主体的法律意识也会随之提升，社会文化、市场经济的整体法制观念会得到加强，反过来促使政府更加注重依法行政，形成良性循环的源动力。

---

① 2013 年 1 月 22 日，习近平总书记在十八届中央纪委二次全会上发表重要讲话强调，要加强对权力运行的制约和监督，把权力关进制度的笼子里。载《人民网》http：//cpc.people.com.cn/n/2013/0122/c64094－20289660.html。

二、我国政府采购法律服务的现状

2003年1月1日《中华人民共和国政府采购法》（以下简称“政府采购法”）实施，该法实施至今对规范政府采购行为发挥了重要的作用。目前我国各级政府购买法律服务虽然已经深入推行，也制定了“政府采购法”等相关法规细则，各级政府也在逐步加大采购的范围、规范采购程序，但实际上，不仅“政府采购法”本身存在不完善的地方，政府采购法律服务方面也存在诸多不足和缺陷。首先，各级政府对法律服务的重视程度和落实还不够，法律服务作用本应贯穿行政决策的全程，可是多数情况下都是采取“亡羊补牢”的态度，即出现法律问题才寻求法律服务，因此存在滞后性的问题。其次，政府购买法律服务的机制尚不完善，具有一定的随意性。例如，对于部分法律事务，并非完全按照“政府采购法”第二十六条规定公开招标、邀请招标、竞争性谈判、单一来源采购以及询价5种政府采购方式以公平、公正、公开的方式进行购买，而是出现机构和部门领导直接指定或者突击召集等方式选择提供法律服务的机构。行政色彩强烈，采购法律服务在执行过程中，不仅在采购过程中，由行政机关本身主导，受行政权力至上、利益寻租等的影响，比如政府采购时，在公开招标过程中，参与评标，并对评标委员会的成员施加不良影响。而且，在提供法律服务过程中，受到行政机关部分人员某些不合法律规定的要求和约束等，对法律服务工作人员依法办事造成不利影响。

我国政府对法律服务的采购，现处于初级阶段，法规和制度还十分不完善，作为政府采购的重要业务内容，政府采购不仅是国家地区经济发展水平的重要标志，也在一个国家的经济生活中起着举足轻重的作用。[①] 因

① 潘琴：《我国政府服务采购法律问题研究》，大连海事大学硕士学位论文，2010年5月。

此，必须尽快完善我国的政府采购制度，而且要对法律服务采购制定更公平、合理、细致的法规，并依法严格执行制度，这样才能更好地把握国家的经济战略布局，如“一带一路”“粤港澳大湾区”的国家经济战略布局的机遇，推动政府采购法律服务，完善政府采购制度。

三、对于完善政府采购法律服务的建议

目前我国还没有出台直接规定和规范政府购买法律服务关系的法律文件，根据实践中政府购买法律服务的法律关系模式，并参照《指导意见》中关于政府购买公共服务过程中形成的法律关系的主体范围的界定，一般认为，政府购买法律服务的过程中主要包含两大主体，即购买方——政府和出售方——律师和律所。[①] 政府法律服务作用的发挥离不开好的“产品”，“法律服务”作为一种特殊产品，质量的提高需从两大主体，购买方——政府以及出售方——律师和律所两方面来考虑。

从购买方，即政府的角度而言。首先，政府应该明确其所需的服务内容，才能针对自身需求买到更适合的产品，如处理土地征收方面的事务需要土地及征收补偿等相关法律专业的律师；政府面对行政复议诉讼，需要行政法方面的律师；政府征地拆迁，需要土地方面的律师等。

其次，细化政府购买公共法律服务的程序和方式。应按照“政府采购法”第二十六条规定的公开招标、邀请招标、竞争性谈判、单一来源采购及询价 5 种政府采购方式以公平、公正、公开的方式进行购买，而非机构和部门领导直接指定或者突击召集等方式来选择提供政府法律服务的机构。公共法律服务的购买程序是否合理公正、明确具体直接关系到政府能不能为公共法律服务的提供选择一个合适的提供

---

① 王东、韩雅童：《我国政府购买法律服务制度的实践考察——构成要素、运行现状与优化路径》，《新疆财经大学学报》2018 年第 4 期。

者，也直接决定我国政府对外购买公共法律服务的制度是否能够长效运行。有必要在我国现有法律法规的基础上，结合政府对公共法律服务购买的特殊性，对购买程序中较为笼统模糊的一些规定进行进一步的明确。

再次，在购买合适的法律服务之后，应为律师或其他法律工作者提供应有的便利和协助，包括严格按照采购合同的规定支付服务费用等。

最后，建立多元化政府购买法律服务的监督机制。对政府购买法律服务的财政支出和承接者、选择方式都需要科学考评机制的监督，[①] 要保证政府购买公共法律服务的实施效果，确保供应者对政府所购买的公共法律服务事项的服务质量，需构建一个健全的监督机制，通过协调购买者、独立第三方监督机构，建立对法律服务的评估与考核机制，全面公开政府购买法律服务的信息，建立由购买主体、服务对象及第三方组成的评审机制，及时组织服务项目的结项验收和综合考评，评价结果向社会公布，作为后续政府购买法律服务的重要依据。

四、结　语

政府作为法律服务的购买者，向谁来购买法律服务的问题至关重要。[②] 政府是强大公权力的行使者，如若不依法行政，其危险程度难以估量。目前，虽然政府购买法律服务的相应制度、程序及费用标准缺乏系统性规定，但政府购买法律服务正在不断实践中，相信配套制度也会日益完善。政府购买法律服务的完善将有利于增强行政执法人员的法律意识，树立依法办事的态度，促进法治政府的建设。社会的进步，缘于社会分工的细

① 徐尚昆：《推进公共法律服务体系建设的理论探讨》，《中国特色社会主义研究》2014 年第 5 期。

② 美国学者奥斯本和盖布勒认为政府应当把精力集中于“掌好舵”（政府应致力于决策工作），而不是倾向于“划好桨”（政府自身去做具体的服务性工作），这样才能统筹管理。

化，因此专业的事情，应交给专业的人去做。在依法治国、法治政府的大背景下，在法律服务已纳入政府采购的大前提下，完善法治建设规划，提高立法工作质量和效率，为推进改革发展稳定工作营造良好法治条件的大环境，律师可以为中国的法治进程贡献更多的力量。

一名好企业家，一定是具有良好的法律风险控制意识的，这本书对提高企业家的风险管理能力，具有重要价值！

——五羊摩托公司董事长　梁君

“信仰坚如磐石，探索永无止境！”修贤律师总结十余年的律师从业经验，铸成此书，正是对这句格言的最好诠释！

——中房金融地产商学院、中商海外商学院执行院长　张海超

律师行业是具有强压力、高风险充满竞争性的行业，蒋律师将办案经验和体会无私分享给大家，值得青年律师们学习。

——金鹏律师事务所合伙人、
广州市律师协会法律顾问专业委主任　张豫侃

蒋律师以工匠之心，琢业务之玉，可喜可贺！

天胜律师事务所副主任　苏晓军

实战派的专家律师，此书是律师实务的心路历程和硕果！

——岭南律师事务所主任，广州市律师协会理事、
广州市律师协会房地产和城市更新专业委员会副主任　邓柏涛